**El amante
Escuela nocturna
Sketches de revista**

Harold Pinter

Colección: Gran Teatro

El amante
Escuela nocturna
Sketches de revista

Traducción de
Rafael Spregelburd

Losada

Pinter, Harold
　　Teatro. El amante. Escuela nocturna. Sketches de revista / Harold Pinter; con prólogo de Rafael Spregelburd. - 1ª ed. 1ª reimp. Buenos Aires: Losada, 2005. 152 p.; 22 x 14 cm. - (Gran teatro)

　　Traducido por: Rafael Spregelburd
　　ISBN 950-03-6314-3

　　1. Teatro Inglés. I. Spregelburd, Rafael, trad. II. Título
　　CDD 822

Títulos originales:

The Lover
© NEABAR INVESTMENTS, LTD, 1963

Night School
© NEABAR INVESTMENTS, LTD, 1961

Revue Sketches:
Trouble in the Works; The Black and White; Request Stop; Last to Go
© NEABAR INVESTMENTS, LTD, 1961
Special Offer
© NEABAR INVESTMENTS, LTD, 1967

The right of Harold Pinter to be identified as author of this work has been asserted by him.
All rights whatsoever in these plays are strictly reserved and applications for performance, etc. should be made to JUDY DAISH ASSOCIATES LTD, 2 St. Charles Place, London W10 6EG, England. No performance may be given unless a licence has been obtained.

© Editorial Losada, S. A.
　　Moreno 3362,
　　Buenos Aires, 2005

Composición y armado: *Taller del Sur*
Diseño de tapa: *Ana María Vargas*

Queda hecho el depósito que marca la ley 11.723
Libro de edición argentina

Impreso en la Argentina - *Printed in Argentina*

NOTA DEL TRADUCTOR

Harold Pinter siempre ha sido para mí un misterio. Uno de los buenos.

Creo recordar que mi primera noticia de su existencia es absolutamente espuria. Su nombre aparecía en una lección de mi libro de inglés, hace años, cuando yo era un estudiante de esta lengua tan inasible, tan cambiante, y había una lectura en la que la señora Smith de turno iba al teatro a ver una obra, en Londres. Supongo que la lección no pretendía más que enseñar el pasado perfecto o alguna otra cuestión gramatical, pero creo recordar que la lectura terminaba de una manera que se me hacía sospechosa: el público gritaba *"Author, author!"* al final de la representación. Y el autor de turno salía a saludar. Y era Harold Pinter. Tal vez el autor vivo más importante de mi tiempo, aunque yo no lo sabía. Cuando le pregunté a mi profesora de inglés quién era –o al menos de qué época– como para aparecer en los tradicionales manuales de la Cultural Inglesa, la querida Mabel se limitó a decirnos: es un autor inglés muy importante. Muy extraño. Muy *absurdo*.

Poco tardaría yo en descubrir que la palabra *absurdo* no sirve para definir casi nada en el mundo del teatro. Ni Pinter era absurdo (o al menos no en la manera en que lo eran algunos de sus casi contemporáneos franceses), ni era realista, ni era beckettiano. La próxima noticia que tuve de Pinter, alrededor de diez años después, fue su dirección postal.

Yo estaba escribiéndole una carta.

Resulta que en 1996 dos actrices me llamaron para ver si quería sumarme a un proyecto que se traían entre manos. Se trataba de las talentosísimas Gabriela Izcovich y Julia Catalá, y el proyecto era nada menos que un homenaje a Pinter, para el cual ellas habían imaginado un montaje que entrecruzaba en un solo espectáculo dos de sus obras más representativas: *Traición* y *Viejos tiempos*. Los actores Luis Machin y Alejandro Vizzotti eran también de la partida, y como yo tenía mucho interés en trabajar con todos ellos, acepté. Debo aclarar que he devenido en traductor más bien por accidente: soy básicamente dramaturgo y director. Las actrices y yo trabajamos en nuestra versión de los hechos con mucho rigor, comparando traducciones y posibilidades, y sobre todo, tratando de que algo de todo esto tuviera sentido, un sentido que iba un poco más allá de los argumentos puntuales de ambas obras, y que tenía que ver con el cruce de esos dos mundos, y sobre todo, con la presencia de un lenguaje: lo *pinteriano*. El espectáculo crecía con los ensayos, y en un momento dado, cuando descubrimos que teníamos entre manos una obra, y que era buena, decidimos que era el momento de solicitar los derechos para tan desorbitada excursión.

Claro que, para ese entonces, yo ya sabía que Pinter era algo más que un nombre en una lección de la Cultural Inglesa; es más, había leído de él todo o casi todo. Y sabía fundamentalmente una cosa: que Pinter jamás había autorizado bajo concepto alguno *ninguna* adaptación de sus obras.

Así que allí estaba yo, con el papel en blanco, tratando de escribirle por qué era que le pedíamos sus derechos para una causa tan errática. Debo confesar que un virus en mi computadora de aquel entonces borró toda mi correspondencia. Y lo lamento mucho. Espero que al menos el buen Harold, o alguien, conserve copias. Porque esa correspondencia fue una de mis mejores obras. Al menos, una de las más eficaces.

Por supuesto, la primera respuesta de Pinter fue sencilla y razonable.

No.

Las obras habían sido escritas en épocas diferentes, tenían personajes diferentes, hablaban de cosas diferentes con lenguajes diferentes y no había ninguna necesidad de corregirlas. O de adaptarlas.

Pero volví a insistir. Le expliqué a Pinter algunos detalles del proyecto, aunque en realidad muy pocos. Es decir, hablamos por carta poco y nada de teatro. Sobre todo, le expliqué lo que significaba hacer esto en la Argentina, donde las distancias espacial y temporal se confunden a veces en una sola larga distancia, en la que tanto Pinter como su compatriota Shakespeare son clásicos igualmente preservados de cualquier intrusión por parte de manos cirujanas atolondradas.

Supongo que no fue la comparación con William lo que facilitó las cosas, sino más bien un extenso apartado de mi carta en el que apelábamos al sentido revolucionario de su obra, y a la manera en la que este sentido de desordenamiento, de desmantelamiento de las estructuras dadas era muy afín al teatro que se hace –por motivos que no vienen al caso– en esta ciudad nuestra. Y es que Pinter, el de esas obras elusivas y borrosas pletóricas de actores casi estáticos que sostienen infinitamente copas rebosantes de las más diversas bebidas, ese Pinter entiende la idea de revolución, de subversión del orden, como un compromiso total e íntegro. Ese Pinter que estuvo comprometido con la revolución Sandinista en Nicaragua (en 1998), o con la denuncia de las atrocidades de la guerra en Irak en este preciso momento.[1] Fuere como fuere, y apelando a la idea de subversión (en la que el propio Pinter –ya enormemente respaldado por la cultura universal– era necesariamente el objeto a subvertir), supongo que entendió que no había peligro real para él, y que de algún modo u otro la cosa podía depararle alguna sorpresa agradable. Pinter es un autor consagrado, todo el mundo conoce ya su estilo, y de hecho muchas de esas obras ya se habían dado en la Argentina. La generación que nos precedía había llevado a escena sus obras más relevantes casi en simultáneo con sus estrenos mundiales. Lo que nosotros pretendíamos era simplemente opinar con teatralidad, con inquietud, y con un raro respeto, sobre una obra ya indiscutiblemente clásica. Y además planeábamos pasarla bien.

Así es que Pinter accedió. Y nuestro proyecto vio la luz. Y a falta de un título mejor se llamó *Varios pares de pies sobre piso de mármol*. Y viajó. Y uno de esos viajes fue a un festival organizado en Barcelona por otro ferviente admirador de Pinter, el autor valenciano José Sanchis Sinisterra.

Sanchis había decidido que los homenajes tienen mejor

---

[1] Pinter ha recibido recientemente, entre otros, el premio Hermann Kesten Medallion destacando su compromiso en la causa de escritores perseguidos y encarcelados. El premio es otorgado por PEN de Alemania (Berlín, 2001).

sabor hechos en vida, y en un acto de fantástico arrojo organizó en Barcelona la descomunal *Tardor Pinter*.[2] Y enterado del tenor y la audacia de nuestro pequeño experimento, no dudó en invitarnos a la *soirée*.

Así que allí fuimos. Y allí fue también el propio autor, a ver finalmente qué era lo que había autorizado. Pinter tiene algún conocimiento del español y contó con una ventaja adicional: según él mismo me dijo luego de ver el espectáculo: "conozco muy bien las obras".

Pero antes dijo algo más. Algo más propio de un personaje de Pinter que del propio autor: ni bien terminó la obra esbozó un "*I need a drink*"[3] y salió corriendo del teatro.

Se ve que realmente necesitaba ese trago, porque luego de procurárselo volvió raudamente, muy contento, y con abundantes elogios para el montaje y los actores. Recuerdo incluso que su mujer, lady Antonia Fraser, intentaba con justa razón objetar la aparición nada prevista en el guión de un pollo muerto que Julia Catalá sacaba de una cartera en un momento suavísimo de la obra, y sin embargo Pinter lo veía muy apropiado. Y la verdad es que nosotros también. De cualquier manera, nadie tiene razón en estos casos.

Lo cierto es que no mucho tiempo después me encuentro traduciendo sus obras para Losada. Un raro privilegio, a sabiendas del enorme celo que Pinter y sus representantes tienen sobre sus traducciones.

Esas obras que –según yo mismo expliqué alguna vez por escrito al autor– toda una generación ya ha llevado a

---

[2] "Otoño Pinter".
[3] Necesito un trago.

escena, hoy ya no se encuentran tan disponibles. Esas obras que –en teoría– todo autor de teatro ya ha leído, esas obras que tanto se han estudiado, y cuya influencia se ha extendido como reguero de pólvora en cientos de dramaturgos contemporáneos, esas obras ya no se consiguen fácilmente en castellano. Y es una suerte que Losada haya decidido reeditar, esta vez en nuevas traducciones, la obra completa de este autor fundamental, que desembarcó en la Argentina en los sesenta, y para quedarse.

Volver a traducir a Pinter es apasionante. Y riesgoso, claro. Porque implica (al menos según lo he entendido yo) tratar de preservar un misterio siempre muy palpable, y no en cambio explicarlo torpemente en el intento de su traducción. En este sentido debo agradecer el enorme aporte de Diana Stobart, que merced a su relación con la agencia de Margareth Smith (que administra los derechos de Pinter en la Argentina), tiene un profundo conocimiento de su obra. Y agradezco también la valiosa ayuda de un colega: el traductor británico Ian Barnett, capaz de recordar sin dudar el año en que se empezó a utilizar una expresión determinada en Inglaterra, o quiénes la usaban, o por qué, y cómo les fue a quienes la usaban. Volver a traducir a Pinter no implica necesariamente que sus obras suenen más cercanas a la sensibilidad de este nuevo siglo en ciernes. Pinter no requiere ninguna modernización. Volver a traducirlo es volver a cotejar cuánto y cuán poco sabemos en realidad de este autor que dice de su propia obra: "No me pregunten a mí. Todo lo que sé de mis personajes está escrito allí". Como si el propio Pinter quisiera desconocer el significado del adjetivo *pin-*

teriano, palabra que todos usamos con mano firme, salvo él mismo.

Recuerdo que en Barcelona, durante la *Tardor Pinter*, Pinter se permitió incluso desatar un pequeño conato de escándalo. El festival tenía su punto culminante en el estreno –bajo su propia mano– de *Ashes to ashes*, y sobre todo, en una conferencia pública que iba a dar como cierre del encuentro. Pues bien, unos minutos antes de la charla, Pinter se disculpó explicando que no iba a hablar de teatro, sino exclusivamente de política. Así es que una masa enorme de gente de teatro de diversas procedencias se vio reunida en torno a una conferencia sobre el imperialismo y la resistencia, en vez de poder formular las preguntas fundamentales, claro. Por ejemplo: ¿Quién es Kate?

Pero así es Pinter. Y así es su obra. Una vida dedicada al teatro no significa perder el rumbo: Pinter parece comprender qué poca cosa es el teatro frente a las grandes cuestiones de la vida, y del orden social general. Y sobre todo, qué poca cosa son las charlas donde se pretende hablar de teatro que ya es en sí una cosa pequeña y huidiza, como un cuis.

La visita de Pinter, además, sirvió de nexo y de punto de partida para que un grupo de intelectuales, escritores y artistas, entre los que se contaba el propio Sanchis Sinisterra, consiguieran llevar adelante el proyecto de declarar a la ciudad de Barcelona refugio de escritores perseguidos por motivos políticos.

No deberíamos buscar en Pinter las respuestas a los misterios abiertos en sus obras. Deberíamos más bien *vivir*, o *revivir* esos misterios en la contemplación de sus argumentos. Y comprender hasta qué punto el potencial revolucionario de su obra es tan genuino que su lectura, su disfrute, expanden los límites de lo posible. De lo pensable.

Porque cada obra de Pinter, cada pieza en la que lo *pinteriano* se hace presente, es un señalamiento de hasta qué punto el *mundo* es una *construcción del lenguaje*, y no al revés. Las alucinadas "negociaciones conversacionales" en Pinter exponen el diálogo como un verdadero campo de batalla. Su obra es política no tanto por sus temas (que a veces se tornan explícitamente políticos y a veces misteriosamente elusivos) sino por la forma en la que el autor estudia el *movimiento del poder*, y la manera en la que éste surge del lenguaje. Recuerdo haber estudiado, en mi formación como autor, el sketch *Disturbios en la fábrica*, incluido en este volumen, como un ejemplo brevísimo y elemental de la forma en la que el poder circula entre el patrón (Fibbs) y el empleado (Wills), y de una manera absolutamente esquiva –incluso con un sentido del humor grosero, supuestamente muy poco habitual en Pinter–[4] la obra cuestiona no sólo la *producción de sentido*, sino y por sobre todo la *producción de mercancías*, alma última y carozo del sistema capitalista, de sus engranajes, y –en definitiva– del modo de vida de la burguesía, que es el que rige todos los otros modos de vida. O al menos la legitimidad social de sus puntos de vista.

---

[4] Supuestamente. Nosotros preferimos dudar de cierta pátina de finura que viene automática y erróneamente asociada a las obras de Pinter. Pero bueno, después de todo no olviden que nosotros habíamos metido un pollo muerto en la cartera de Anna, en *Old times*. Es que los personajes tienen esa rara e intensa discusión acerca del presunto vegetarianismo de ella, y decidimos cortar por lo sano. ¡Anna no es vegetariana, y ha traído algo más que *charme* para la cena! El pollo muerto, con cabeza y todo, con la mirada tan extraviada como la de Kate, mutaba en algunas funciones en cabeza de cerdo. Porque hubo ciudades en nuestra gira en las que –sépanlo– las autoridades sanitarias prohíben vender pollos con cabezas.

NOTA DEL TRADUCTOR

Claro que la inmensa obra de Pinter (que incluye no sólo teatro, sino también guiones de cine, poesía y narrativa) abarca muchos períodos distintos, y en ese sentido me gustaría citar una de sus declaraciones más formidables. En otra ocasión en la que el azar dio en llevarme una vez más a su lado, en el Royal Court Theatre de Londres, le pregunté acerca del proceso con el cual concibe una obra nueva, y él se limitó a contestar que "simplemente escribía una nueva obra cada vez que tenía necesidad de corregir algún error de su obra inmediatamente anterior". Esto es fabuloso, para mí, en varios sentidos. En principio porque supone que lo importante no son las obras artísticas —los *productos*— que uno vaya dejando a su paso, sino el paso en sí mismo. El viaje de la averiguación. La acción de estar en movimiento constante. Y en segundo lugar significa también que cada obra es en sí misma imperfecta: ya contiene el error invisible, la mácula que nuestro próximo proyecto vendrá a solucionar, garantizando así la vida de los procesos, que es la manera de garantizar la propia vida en el arte. Esta forma de producir, por cierto muy distinta de la de la planta del señor Fibbs en los *Disturbios en la fábrica*, es la que espero pueda leerse en este libro, donde Losada recoge tres obras del primer período de Pinter.

El amante es una de sus obras más canónicas. Lejos de pretender prologarla, ya que sin exagerar sería como tratar de explicar el procedimiento de *Hamlet* o de *Los días felices*, me limito sólo a una reflexión muy propia de los traductores. La obra se llama *The lover*. Y cierta tendencia a leerla de una manera determinada nos lleva a traducir el título por *El amante*. Pero atención: *lover* carece de género, y si se quiere, es lícito pensar que la obra puede llamarse también *La amante*. El lector inglés puede, al menos, cuestionarse por qué una moral particular lo lleva a inferir que el título está en masculino (obviando las posibilidad de que la amante citada en el título sea ella y no él) cuando el procedimiento de la pieza subvierte esa misma moral. El lector está avisado, y ya verá a qué me refiero. La lectora está avisada, también.

Escuela nocturna es una obra radial, o al menos así es como se estrenó en Londres. Sin embargo, la forma de escribir en Pinter, tan escasa de acotaciones, hace que esta obra pueda ser leída por un lector contemporáneo como una obra legítimamente adaptable para la escena. Hay aquí, sobre todo en los diálogos de las tías de Wally, un universo entero de negociaciones conversacionales alteradas, subvertidas para obtener el poder, el control de una situación que a todos se les escapa de las manos, como la errática pelota de voley de la supuesta maestra de la aún más incierta escuela nocturna. El lenguaje de esta pieza supuso para mí un terrible rompecabezas. Porque veamos: Wally acaba de salir de la cárcel, visita a sus pobres tías, y todos parecen seres marginales hablando una suerte de *cockney*, de jerga dialectal muy propia del caso. ¿Pero cómo traducir esa marginalidad al lenguaje de los argentinos? Esa marginalidad británica es la de unas señoras no del todo lúcidas que toman el té con polvorones en una cómoda casa (cómoda a excepción del cuestionado catre). ¿A alguien se le ocurriría oírlas hablar en lunfardo? Imposible. Así que mi versión no pretende borrar de la vista el hecho de que esta historia, simple y escurridiza, ocurre en otro país, con otras costumbres, y –sobre todo– con otra *marginalidad*.

NOTA DEL TRADUCTOR

Finalmente, en *Sketches de revista* se recogen algunas de las escenas breves de Pinter, unos caramelos muy poco conocidos, unos diálogos precisos, afilados como espadas, donde cada sílaba tiene un peso específico imposible de traicionar, y donde todos los elementos de aquello que llamamos con comodidad –y amparados por la autoridad de un verdadero clásico viviente– *lo pinteriano* se nos presentan con absoluta y prístina claridad.

Es decir, como un profundo misterio.

RAFAEL SPREGELBURD
Diciembre de 2004

El amante

(1963)

El amante *fue presentada por primera vez por Associated-Rediffusion Television, Londres, el 28 de marzo de 1963, con el siguiente reparto:*

>RICHARD Alan Badel
>SARAH Vivien Merchant
>JOHN Michael Forest

Dirigida por Joan Kemp-Welch

La obra fue presentada en teatro por primera vez por Michael Codron y David Hall en el Arts Theatre el 18 de septiembre de 1963, con el siguiente reparto:

>RICHARD Scott Forbes
>SARAH Vivien Merchant
>JOHN Michael Forest

Dirigida por Harold Pinter
Asistido por Guy Vaesen

Fue montada en el teatro Young Vic en junio de 1987 con el siguiente reparto:

RICHARD   Simon Williams
SARAH   Judy Buxton
JOHN   Malcolm Ward

Dirigida por Kevin Billington

Verano. Una casa apartada cerca de Windsor.

(El escenario consiste en dos áreas. Una sala de estar a la derecha, con un pequeño vestíbulo y la puerta principal al centro. En un nivel más alto, a la izquierda, un dormitorio con balcón. Un par de escalones conducen a la puerta del dormitorio. La cocina está afuera, a la derecha. Contra la pared izquierda de la sala de estar, hay una mesa cubierta por un largo mantel de terciopelo, al centro del escenario. En el pequeño vestíbulo hay un armario. El mobiliario es de buen gusto, confortable.)

(Sarah está vaciando y limpiando ceniceros en la sala de estar. Es de mañana. Tiene puesto un vestido fresco y recatado. Richard entra al dormitorio desde el baño, por izquierda, recoge su portafolios del armario del vestíbulo, va hacia Sarah, le da un beso en la mejilla. La mira un momento, sonriendo. Ella sonríe.)

RICHARD *(amablemente)*: ¿Viene tu amante, hoy?
SARAH: Mmnn.
RICHARD: ¿A qué hora?
SARAH: A las tres.
RICHARD: ¿Van a salir... o se quedan?
SARAH: Oh... Creo que nos vamos a quedar.
RICHARD: Pensé que querías ir a esa exposición.

SARAH: Quería, sí... pero me parece que hoy prefiero quedarme en casa con él.
RICHARD: Mmn-hmmn. Bueno, me tengo que ir.
(Va hasta el vestíbulo y se pone su bombín.)
¿Te parece que se irá a quedar mucho?
SARAH: Mmmnnn...
RICHARD: A eso de las... seis, entonces.
SARAH: Sí.
RICHARD: Que pasen una linda tarde.
SARAH: Mmnn.
RICHARD: Adiós.
SARAH: Adiós.

(Abre la puerta principal y sale. Ella sigue con la limpieza. La luz se desvanece.

Vuelve la luz. Es de tarde. Sarah *entra a la sala de estar desde la cocina. Lleva el mismo vestido, pero ahora tiene puestos unos zapatos de taco muy alto. Se sirve un trago y se sienta en una* chaise longue *con una revista. El reloj da seis campanadas.* Richard *entra por la puerta principal. Tiene puesto un traje sobrio, como por la mañana. Deja el portafolios en el vestíbulo y entra en la sala. Ella le sonríe y le sirve un whisky.)*

SARAH: Hola.
RICHARD: Hola.
(La besa en la mejilla. Toma el vaso que ella le ofrece, le da el diario de la tarde, y se sienta a la izquierda. Ella se sienta en la chaise longue *con el diario.)*

Gracias.
(*Él bebe, se apoya en el respaldo y da un suspiro de satisfacción.*)
Aah.
SARAH: ¿Cansado?
RICHARD: Un poquito.
SARAH: ¿Malo, el tráfico?
RICHARD: No. Bastante bueno, el tráfico, la verdad.
SARAH: Ah, qué bien.
RICHARD: Muy fluido.

(Pausa.)

SARAH: Me pareció que llegaste un poquito tarde.
RICHARD: ¿Sí?
SARAH: Un poquito, nada más.
RICHARD: Algo atascado en el puente.
(Sarah *se levanta, va a recoger su vaso de la mesa de las bebidas, vuelve a sentarse en la* chaise longue.)
¿Un día ameno?
SARAH: Mmn. Estuve en el pueblo esta mañana.
RICHARD: ¿Ah, sí? ¿Viste a alguien?
SARAH: No, la verdad que no. Almorcé.
RICHARD: ¿En el pueblo?
SARAH: Sí.
RICHARD: ¿Estuvo bien?
SARAH: Bastante pasable. *(Se sienta.)*
RICHARD: ¿Y por la tarde? ¿Una tarde amena?
SARAH: Oh, sí. Excelente.

RICHARD: Vino tu amante, ¿no?
SARAH: Mmnn. Sí.
RICHARD: ¿Le mostraste la malva loca?[1]

(Pausa breve.)

SARAH: ¿La malva loca?
RICHARD: Sí.
SARAH: No. No lo hice.
RICHARD: Oh.
SARAH: ¿Lo tendría que haber hecho?
RICHARD: No, no. Nada más que creo recordar que dijiste que estaba interesado en la jardinería.
SARAH: Mmnn, sí, lo está.
   (Pausa.)
No tan interesado, en realidad.
RICHARD: Ah.
   (Pausa.)
¿Salieron, al final, o se quedaron acá?
SARAH: Nos quedamos acá.
RICHARD: Ah. *(Levanta la vista hacia las persianas venecianas.)* Esa persiana no está bien montada.
SARAH: Sí, está un poco torcida, ¿no?

(Pausa.)

RICHARD: Mucho sol en el camino. Por supuesto, para cuando me puse en marcha, el sol ya empezaba a caer.

---

[1] Malva loca o malva real. *(Hollyhocks.)*

Pero me imagino que acá estuvo bastante caluroso por la tarde. En el centro hizo calor.
SARAH: ¿Sí?
RICHARD: Muy sofocante. Imagino que hizo calor en todas partes.
SARAH: La temperatura... bastante alta, me parece.
RICHARD: ¿Lo dijeron en la radio?
SARAH: Sí, creo que sí.

(Pausa breve.)

RICHARD: ¿Uno más antes de cenar?
SARAH: Mmn.

(Él sirve los tragos.)

RICHARD: Veo que tenían las persianas cerradas.
SARAH: Sí.
RICHARD: La luz era terrible de fuerte.
SARAH: Sí. Tremenda de fuerte.
RICHARD: El problema con esta habitación es que el sol le da tan directo, cuando brilla. ¿No se pasaron a otro cuarto?
SARAH: No. Nos quedamos acá.
RICHARD: Habrá sido como para quedarse ciego.
SARAH: Sí. Por eso bajamos las persianas.

(Pausa.)

RICHARD: El asunto es que es terriblemente sofocante, con los persianas bajas.

SARAH: ¿A vos te parece?
RICHARD: A lo mejor no. A lo mejor es que uno se siente más sofocado.
SARAH: Sí. Probablemente sea eso.
   (Pausa.)
¿Qué hiciste vos esta tarde?
RICHARD: Reunión larga. Bastante inconducente.
SARAH: Hay una cena fría. ¿Te importa?
RICHARD: Para nada.
SARAH: Parece que no tuve tiempo de cocinar nada hoy.

(Ella se para en dirección a la cocina.)

RICHARD: Oh, a propósito... La verdad es que quería preguntarte algo.
SARAH: ¿Qué?
RICHARD: ¿Alguna vez se te ocurre que mientras te pasás la tarde siéndome infiel yo estoy en mi escritorio repasando balances y gráficos?
SARAH: Qué pregunta más rara.
RICHARD: No, tengo curiosidad.
SARAH: Nunca me lo habías preguntado.
RICHARD: Siempre quise saber.

(Pausa breve.)

SARAH: Bueno, por supuesto que se me ocurre.
RICHARD: ¿Ah, sí?
SARAH: Mmnn.

(Pausa breve.)

RICHARD: ¿Cuál es tu actitud, entonces?
SARAH: Lo hace un poco más picante.
RICHARD: ¿De verdad?
SARAH: Claro.
RICHARD: ¿Querés decir que mientras estás con él... en realidad se te aparece una imagen mía, sentado en mi escritorio repasando balances?
SARAH: Solamente en... ciertas ocasiones.
RICHARD: Claro.
SARAH: Todo el tiempo, no.
RICHARD: Bueno, obvio.
SARAH: En momentos en particular.
RICHARD: Mmnn. Pero, de hecho, ¿no estoy completamente olvidado?
SARAH: No, de ninguna manera.
RICHARD: Es bastante conmovedor, lo admito.

(Pausa.)

SARAH: ¿Cómo podría olvidarme de vos?
RICHARD: Bastante fácil, pienso.
SARAH: Pero estoy en tu casa.
RICHARD: Con otro.
SARAH: Pero es a vos a quien quiero.
RICHARD: ¿Cómo decís?
SARAH: Pero es a vos a quien quiero.

(Pausa. Él la observa, le alcanza su vaso.)

RICHARD: Tomémonos otro trago.
(Ella avanza. Él retira su vaso, mira los zapatos de ella.)
¿Qué zapatos son ésos?
SARAH: ¿Mmnn?
RICHARD: Esos zapatos. No me son familiares. Muy altos de taco, ¿no?
SARAH *(murmurando)*: Error. Lo lamento.
RICHARD *(que no escucha bien)*: ¿Perdón? ¿Qué decís?
SARAH: Me los voy a sacar.
RICHARD: No son los zapatos más cómodos para estar de entrecasa por la noche, diría yo.
(Ella va al vestíbulo, abre el armario, pone los zapatos de taco alto dentro de éste, se pone zapatos de taco bajo. Él va a la mesa de las bebidas, se sirve un trago. Ella va hacia la mesa que está al centro, enciende un cigarrillo.)
Así que esta tarde se te apareció una imagen mía, ¿no? ¿Sentado en mi oficina?
SARAH: Sí, así es. Aunque no fue una terriblemente convincente.
RICHARD: ¡Ah! ¿Por qué no?
SARAH: Porque sabía que no estabas ahí. Sabía que estabas con tu amante.

(Pausa.)

RICHARD: ¿Yo?

(Pausa corta.)

SARAH: ¿No tenés hambre?
RICHARD: Fue un almuerzo pesado.
SARAH: ¿Cuánto pesaba tu almuerzo? ¿Cuánto te pesó?

(Él se para frente a la ventana.)

RICHARD: Qué atardecer hermoso.
SARAH: ¿No estuviste?

(Él gira y se ríe.)

RICHARD: ¿Qué amante?
SARAH: Oh, Richard...
RICHARD: No, no, es nada más la palabra que es tan rara.
SARAH: ¿Sí? ¿Por qué?
    (Pausa breve.)
    Yo soy honesta con vos, ¿o no? ¿Por qué no podés ser honesto conmigo?
RICHARD: Pero no tengo una amante. Estoy bien relacionado con una puta, pero amante no tengo. Hay un mundo de diferencia.
SARAH: ¿Una puta?
RICHARD *(tomando una aceituna)*: Sí. Una puta bien ordinaria. Ni vale la pena hablar de ella. Me queda a mano entre un tren y otro, nada más.
SARAH: Vos no viajás en tren. Viajás en auto.
RICHARD: Eso mismo. Una taza de chocolate mientras me controlan el agua y el aceite.

(Pausa.)

SARAH: Suena absolutamente estéril.
RICHARD: No.

(Pausa.)

SARAH: Debo decir que nunca me imaginé que lo ibas a admitir tan fácilmente.
RICHARD: ¿Por qué no? Nunca me lo habías puesto de manera tan rotunda, ¿o sí? La franqueza a cualquier costo. Esencial para un matrimonio saludable. ¿No estás de acuerdo?
SARAH: Por supuesto.
RICHARD: Estás de acuerdo.
SARAH: Totalmente.
RICHARD: Quiero decir, sos absolutamente franca conmigo, ¿no es cierto?
SARAH: Absolutamente.
RICHARD: En cuanto a tu amante. Tengo que seguir tu ejemplo.
SARAH: Gracias.
   (Pausa.)
Sí, lo vengo sospechando hace tiempo.
RICHARD: ¿En serio?
SARAH: Mmnn.
RICHARD: Perceptiva.
SARAH: Pero, para serte sincera, lo cierto es que no me creo que ella sea solamente... eso que decís.
RICHARD: ¿Por qué no?

SARAH: Sencillamente no es posible. Tenés tan buen gusto. Te importan tanto la gracia y la elegancia en las mujeres.
RICHARD: Y el ingenio.
SARAH: Y el ingenio, sí.
RICHARD: El ingenio, sí. Terriblemente importante, el ingenio, para un hombre.
SARAH: ¿Es ingeniosa?
RICHARD *(riendo)*: Estos términos no son pertinentes. No podés preguntar sensatamente si una puta tiene ingenio. No tiene ninguna importancia si lo tiene o no. Es simplemente una puta, una funcionaria que gusta o disgusta.
SARAH: Y a vos te gusta.
RICHARD: Hoy me gusta. ¿Mañana...? No se puede decir.

(Él va hacia la puerta del dormitorio mientras se quita el saco.)

SARAH: Debo decir que encuentro bastante alarmante tu actitud hacia las mujeres.
RICHARD: ¿Por qué? No estaba buscando una doble tuya, ¿o sí? No estaba buscando una mujer a la que poder respetar, como a vos, a la que poder admirar y amar, como hago con vos. ¿No es cierto? Todo lo que quería era... cómo decirlo... alguien que pudiera expresar y engendrar lascivia con toda la sagacidad propia de la lascivia. Nada más.

(Entra en el dormitorio, cuelga su saco en el ropero, y se pone las pantuflas.

En la sala, Sarah *deja su trago, duda y luego lo sigue al dormitorio.)*

SARAH: Lamento que tu aventura posea tan poca dignidad.
RICHARD: La dignidad está en mi matrimonio.
SARAH: O sensatez.
RICHARD: La sensatez también. No estaba buscando semejantes atributos. Los encuentro en vos.
SARAH: ¿Por qué buscabas, en primer lugar?

(Pausa breve.)

RICHARD: ¿Qué dijiste?
SARAH: ¿Por qué buscar... en otra parte... en primer lugar?
RICHARD: Pero, mi amor, vos buscaste. ¿Por qué yo no?

(Pausa.)

SARAH: ¿Quién buscó primero?
RICHARD: Vos.
SARAH: No creo que eso sea cierto.
RICHARD: ¿Quién, entonces?

(Ella lo mira con una leve sonrisa.)
(Las luces suben. Noche. Luz de luna en el balcón. Las lucen bajan.
Richard *entra por la puerta del dormitorio en pijama. Agarra un libro y lo mira.* Sarah *sale del baño en camisón. Hay una cama doble.* Sarah *se sienta a la mesa del tocador. Se peina.)*

SARAH: ¿Richard?
RICHARD: ¿Mnn?
SARAH: ¿Alguna vez pensás en mí... cuando estás con ella?
RICHARD: Oh, un poco. No mucho.
   (Pausa.)
   Hablamos de vos.
SARAH: ¿Hablás de mí con ella?
RICHARD: De vez en cuando. Le divierte.
SARAH: ¿Le divierte?
RICHARD *(eligiendo un libro)*: Mmnn.
SARAH: ¿Cómo... hablan de mí?
RICHARD: Con delicadeza. Charlamos de vos como quien escucha una caja de música antigua. La ponemos a andar para que nos dé alguna cosquilla, cuando así lo deseamos.

(Pausa.)

SARAH: No voy a fingir que la imagen me da mucho placer.
RICHARD: No tendría que hacerlo. El placer es mío.
SARAH: Sí, eso ya lo veo, por supuesto.
RICHARD *(sentándose en la cama)*: Supongo que te alcanza con tus propios placeres de la tarde, ¿o no? No estarás esperando también sacarle el jugo a mis pasatiempos, ¿o sí?
SARAH: No, para nada.
RICHARD: Entonces, ¿por qué todas las preguntas?
SARAH: Bueno, vos fuiste el que empezó. Preguntándome tan-

tas cosas sobre... mi opinión de este tema. Normalmente no lo hacés.

RICHARD: Curiosidad objetiva, nada más.
   (Él le toca los hombros.)
No estarás sugiriendo que estoy celoso, supongo.

(Ella sonríe, acariciando su mano.)

SARAH: Querido. Sé que nunca te rebajarías a eso.
RICHARD: Dios mío, no.
   (Él le aprieta el hombro.)
   ¿Y vos? ¿No estarás celosa, no?
SARAH: No. Por lo que me contás de tu dama, parezco pasarla mucho mejor que vos.
RICHARD: Posiblemente.

(Él abre las ventanas de par en par y se queda parado frente a ellas, mirando hacia afuera.)

RICHARD: Qué paz. Vení y fijate.
   (Ella se le suma en la ventana. Se quedan en silencio.)
   ¿Qué pasaría si algún día llegara a casa temprano, me pregunto?

(Pausa.)

SARAH: ¿Qué pasaría si algún día yo te siguiera, me pregunto?

(Pausa.)

RICHARD: Quizás todos nos podríamos encontrar a tomar el té en el pueblo.

SARAH: ¿Por qué en el pueblo? ¿Por qué no acá?

RICHARD: ¿Acá? Qué comentario extravagante.

(Pausa.)
Ese pobre amante tuyo nunca llega a ver la noche desde esta ventana, ¿no?

SARAH: No. Está obligado a irse antes de la puesta de sol, desgraciadamente.

RICHARD: ¿No se aburre un poco con estas malditas tardes? ¿Esta eterna merienda? Yo me aburriría. Tener como imagen constante de lujuria una jarra de leche y una tetera. Debe ser como para enmohecerse.

SARAH: Él se adapta a todo. Y, por supuesto, cuando se bajan las persianas lo cierto es que se hace un poco como de noche.

RICHARD: Sí, supongo que sí.

(Pausa.)
¿Qué piensa él de tu marido?

(Pausa breve.)

SARAH: Te respeta.

(Pausa.)

RICHARD: Estoy bastante conmovido por el comentario, de una manera extraña. Creo que puedo entender por qué te gusta tanto.

SARAH: Es terriblemente dulce.
RICHARD: Mmn-hmmnn.
SARAH: Tiene sus humores, por supuesto.
RICHARD: ¿Quién no?
SARAH: Pero debo decir que es muy cariñoso. Todo su cuerpo emana amor.
RICHARD: Qué nauseabundo.
SARAH: No.
RICHARD: Pero es viril, espero.
SARAH: Totalmente.
RICHARD: Suena tedioso.
SARAH: Para nada.
(Pausa.)
Tiene un sentido del humor maravilloso.
RICHARD: Ah, genial. ¿Te hace reír, no es cierto? Bueno, cuidado que los vecinos no te oigan. Lo último que queremos es habladurías.

(Pausa.)

SARAH: Es maravilloso vivir aquí, tan lejos del camino principal, tan recluidos.
RICHARD: Sí, estoy muy de acuerdo.
(Vuelven a entrar en el dormitorio. Se meten en la cama. Él recoge su libro y lo mira. Lo cierra y lo hace a un lado.)
Éste no es gran cosa.
(Apaga su lámpara de dormir. Ella hace lo mismo. Luz de luna.)
¿Es casado, no?

SARAH: Mmmmn.
RICHARD: ¿Felizmente casado?
SARAH: Mmmmn.
>   *(Pausa.)*

Y estás contento, ¿no? ¿No estás para nada celoso?
RICHARD: No.
SARAH: Bien. Porque yo creo que las cosas están en un equilibrio hermoso, Richard.
>   *(Apagón.)*
>   *(La luz sube. Mañana. Sarah se pone la bata en el dormitorio. Empieza a tender la cama.)*

Querido.
>   *(Pausa.)*

¿Van a estar listas las tijeras hoy a la mañana?
RICHARD *(en off, desde el baño)*: ¿Las qué?
SARAH: Las tijeras.
RICHARD: No, esta mañana no.
>   *(Él entra, completamente vestido de traje. La besa en la mejilla.)*

Recién el viernes. Adiós.

(Sale del dormitorio, recoge sombrero y portafolios del vestíbulo.)

SARAH: Richard.
>   *(Él se da vuelta.)*

Hoy no vas a llegar a casa muy temprano, ¿no?
RICHARD: ¿Querés decir que viene otra vez, hoy? Dios mío. Estuvo ayer. ¿Vuelve hoy?
SARAH: Sí.

Richard: Oh. No, bueno, no voy a llegar temprano. Voy a la National Gallery.
Sarah: Muy bien.
Richard: Adiós.
Sarah: Adiós.

(La luz se desvanece.)
(Vuelve la luz. Es de tarde. Sarah viene bajando las escaleras y entra a la sala. Tiene puesto un vestido negro, escotado, muy ajustado. Se mira con premura en el espejo. De pronto descubre que lleva zapatos de taco bajo. Se dirige rápidamente al armario, se cambia los zapatos por los de taco alto. Vuelve a mirarse al espejo, se alisa el vestido en las caderas. Va a la ventana, baja las persianas, abre las rendijas, luego las cierra hasta que logra una delgada ranura de luz. El reloj da tres campanadas. Mira la hora en su reloj, va hacia las flores en la mesa. Suena el timbre. Se dirige a la puerta. Es el lechero, John.)

John: ¿Quiere crema?
Sarah: Se le hizo muy tarde.
John: ¿Crema?
Sarah: No, gracias.
John: ¿Por qué no?
Sarah: Ya tengo. ¿Le debo algo?
John: La Sra. Owen acaba de pedir tres frascos. Cuajada.
Sarah: ¿Qué le debo?
John: Todavía no es sábado.
Sarah *(aceptando la leche)*: Gracias.
John: ¿No le gustaría un poco de crema? La Sra. Owen pidió tres frascos.

SARAH: Gracias.
> (Ella cierra la puerta. Va a la cocina con la leche. Regresa con una bandeja de té, con tetera y tazas, la apoya en una mesita delante de la chaise longue. Arregla rápidamente las flores, se sienta en la chaise longue, *se cruza de piernas, se descruza, pone las piernas sobre la* chaise longue, *se alisa las medias bajo la falda. Estirando el ruedo del vestido, se dirige hacia la puerta, la abre.)*

Hola, Max.

> *(Ingresa Richard. Lleva puesta una campera de gamuza, sin corbata. Entra en la habitación y se queda parado. Ella cierra la puerta tras él. Camina lentamente hasta alcanzarlo, y se sienta en la* chaise longue, *cruzándose de piernas.)*
>
> *(Pausa.)*
>
> *(Él se dirige lentamente a la* chaise longue *y se queda parado muy cerca de ella, a su espalda. Ella arquea la espalda, se descruza de piernas, se aleja a la silla baja que está más a la izquierda.)*
>
> *(Pausa.)*
>
> *(Él la mira, luego se dirige al armario del vestíbulo, extrae un tambor, un bongó. Coloca el tambor en la* chaise longue, *permanece de pie.)*
>
> *(Pausa.)*
>
> *(Ella se levanta, se dirige al vestíbulo, pasando junto a él, se da vuelta, lo observa. Él se dirige a la* chaise longue. *Quedan sentados uno en cada extremo. Él comienza a golpear el tambor. Ella desliza su dedo índice por el tambor en dirección a la mano de él. Le rasguña intensamente el dorso de*

la mano. Ella retira la mano. Sus dedos tamborilean uno tras otro hacia él, y luego descansan. Ella rasguña con su índice entre los dedos de él. Sus otros dedos hacen lo mismo. Él tensa las piernas. Su mano agarra la de ella, que trata de escapar. Golpes salvajes de sus dedos, entrelazándose.)
(Calma.)
(Ella se pone de pie, va hacia la mesa de las bebidas, enciende un cigarrillo, se acerca a la ventana. Él deja el tambor sobre la silla, a la derecha, toma un cigarrillo, va hacia ella.)

MAX: Disculpe.
    (Ella lo mira y luego aleja la mirada.)
    Disculpe, ¿tiene fuego?
    (Ella no contesta.)
    ¿Por casualidad tiene fuego?
SARAH: ¿Le importaría dejarme sola?
MAX: ¿Por qué?
    (Pausa.)
    Simplemente le estoy pidiendo fuego.

(Ella se aleja de él y mira de un lado a otro del cuarto. Él la sigue hasta quedar junto a su hombro. Ella se da vuelta.)

SARAH: Disculpe.
    (Ella pasa junto a él. Muy de cerca, el cuerpo de él la persigue. Ella se detiene.)
    No me gusta que me sigan.
MAX: Nada más deme fuego y no la molesto más. Es todo lo que quiero.

SARAH *(entre dientes.)*: Por favor, váyase. Espero a alguien.
MAX: ¿A quién?
SARAH: A mi marido.
MAX: ¿Por qué es tan tímida? ¿Eh? ¿Dónde está su encendedor?
(Él la manosea. Ella inspira.)
¿Acá?
(Pausa.)
¿Dónde está?
(Él la manosea. Ella profiere un leve jadeo.)
¿Acá?

(Ella logra separarse. Él la atrapa en un rincón.)

SARAH *(entre dientes)*: ¿Qué se piensa que está haciendo?
MAX: Me muero por una pitada.
SARAH: ¡Estoy esperando a mi marido!
MAX: ¡Déjeme sacarle fuego!
(Forcejean en silencio. Ella se zafa y va hacia la pared. Silencio. Él se acerca.)
¿Se encuentra bien, señorita? Acabo de deshacerme de ese... caballero. ¿La lastimó de algún modo?
SARAH: Oh, qué amable. No, no, estoy bien. Gracias.
MAX: Qué suerte que justo pasaba por acá. Quién podría imaginarse que estas cosas vayan a pasar en un parque tan hermoso.
SARAH: Sí, quién podría.
MAX: Igual, no se hizo daño.
SARAH: No puedo agradecerle lo suficiente. Estoy terriblemente agradecida, de veras.

MAX: ¿Por qué no se sienta un segundo y se calma un poco?
SARAH: Oh, estoy muy calma, pero... sí, gracias. Es muy amable. ¿Dónde nos sentamos?
MAX: Bueno, acá afuera no nos podemos sentar. Está lloviendo. ¿Qué le parece ahí, en la cabaña del guardaparque?
SARAH: ¿Le parece que estará bien? Quiero decir, ¿y el guardaparque?
MAX: El guardaparque soy yo.

(Se sientan en la chaise longue.)

SARAH: Jamás imaginé que iba a conocer a alguien tan amable.
MAX: Tratar así a una jovencita encantadora como usted es imperdonable.
SARAH *(los ojos clavados en él)*: Usted parece tan maduro, tan... comprensivo.
MAX: Por supuesto.
SARAH: Tan amable. Tan... Quizás haya sido para mejor.
MAX: ¿Qué quiere decir?
SARAH: Para que nos conozcamos. Para que nos conozcamos. Usted y yo.

(Los dedos de ella recorren su muslo. Él los mira, los aparta.)

MAX: No sé si la entiendo bien.
SARAH: ¿No?

(Los dedos de ella recorren su muslo. Él los mira, los aparta.)

MAX: Bueno, mire, lo siento. Soy casado.

(Ella toma su mano y la pone sobre su propia rodilla.)

SARAH: Es tan dulce, no tiene por qué preocuparse.
MAX *(retirando la mano velozmente)*: No, de veras lo soy. Mi mujer me espera.
SARAH: ¿No puede hablar con desconocidas?
MAX: No.
SARAH: Ay, qué repugnante que es. Qué flojo.
MAX: Lo siento.
SARAH: Ustedes los hombres son todos iguales. Deme un cigarrillo.
MAX: Ni pienso.
SARAH: ¿Cómo dice?
MAX: Vení para acá, Dolores.
SARAH: Oh no, a mí no. No tropiezo dos veces en la misma piedra,[2] gracias. *(Se pone de pie.)* Adiós.
MAX: No vas a poder salir, querida. La cabaña está cerrada con llave. Estamos solos. Estás atrapada.
SARAH: ¡Atrapada! Soy una mujer casada. No me puede tratar así.
MAX *(yendo hacia ella)*: Es la hora del té, Mary.

---

[2] *"Once bitten twice shy"*. Literalmente: "Una vez mordida, dos veces arisca".

(Ella se desliza rauda detrás de la mesa y se queda allí parada, su espalda contra la pared. Él se desplaza al otro extremo de la mesa, se alza los pantalones para agacharse, y empieza a gatear bajo la mesa hacia ella.)
(Desaparece bajo el mantel de terciopelo. Silencio. Ella observa la mesa con atención. Sus piernas quedan escondidas. La mano de él sobre la pierna de ella. Ella mira a un lado y otro, gesticula, hace crujir los dientes, jadea, gradualmente se va hundiendo bajo la mesa, y desaparece. Largo silencio.)

Voz de ella: ¡Max!

(Apagón.)

(Vuelve la luz.)
(Max sentado en la silla a la izquierda. Sarah sirviendo el té.)

Sarah: Max.
Max: ¿Qué?
Sarah *(cariñosamente)*: Querido.
    (Pausa breve.)
    ¿Qué pasa? Estás muy pensativo.
Max: No.
Sarah: Sí estás. Me doy cuenta.

(Pausa.)

Max: ¿Dónde está tu marido?

(Pausa.)

SARAH: ¿Mi marido? Ya sabés dónde está.
MAX: ¿Dónde?
SARAH: En el trabajo.
MAX: Pobre tipo. Trabajando sin parar, todo el día.
(Pausa.)
Me pregunto cómo será él.
SARAH *(sonriendo socarronamente)*: Oh, Max.
MAX: Me pregunto si nos llevaríamos bien. Me pregunto si nosotros... ya sabés... si nos caeríamos bien.
SARAH: No me parece.
MAX: ¿Por qué no?
SARAH: Tienen muy poco en común.
MAX: ¿Sí? Es realmente muy servicial. Me refiero a que sabe perfectamente de estas tardes nuestras, ¿no es cierto?
SARAH: Claro.
MAX: Hace años que sabe.
(Pausa breve.)
¿Por qué lo tolera?
SARAH: ¿Por qué de pronto me estás hablando de él? ¿Qué sentido tiene? No es un tema sobre el que te explayes normalmente.
MAX: ¿Por qué lo tolera?
SARAH: Ay, callate la boca.
MAX: Te hice una pregunta.

(Pausa.)

SARAH: No le importa.
MAX: ¿No?
>(Pausa breve.)
Bueno, a mí me está empezando a importar.

(Pausa.)

SARAH: ¿Qué dijiste?
MAX: Me está empezando a importar.
>(Pausa breve.)
Tiene que parar. No puede seguir.
SARAH: ¿Lo decís en serio?

(Silencio.)

MAX: No puede seguir.
SARAH: Es una broma.
MAX: No, no es.
SARAH: ¿Por qué? ¿Por mi marido? Espero que no sea por mi marido. Me parece que te estás pasando.
MAX: No, no tiene que ver con tu marido. Es por mi mujer.

(Pausa.)

SARAH: ¿Tu mujer?
MAX: No puedo seguir engañándola.
SARAH: Max...
MAX: La vengo engañando hace años. No puedo seguir con esto. Me está matando.
SARAH: Pero querido, mirá...

MAX: No me toques.

(Pausa.)

SARAH: ¿Qué dijiste?
MAX: Ya oíste.

(Pausa.)

SARAH: Pero tu mujer... sabe. ¿O no? Ya le contaste... todo sobre nosotros. Siempre lo supo.
MAX: No, no lo sabe. Cree que conozco a una puta, nada más. Una puta para los ratos libres, nada más. Eso es lo que cree.
SARAH: Sí, pero entrá en razón... mi amor... a ella no le importa, ¿no es cierto?
MAX: Le importaría si supiera la verdad, ¿no?
SARAH: ¿Qué verdad? ¿De qué estás hablando?
MAX: Le importaría si supiera que, en realidad... tengo una amante de tiempo completo, dos o tres veces por semana, una mujer con gracia, elegancia, ingenio, imaginación...
SARAH: Sí, sí, tenés...
MAX: En una relación que ya lleva años.
SARAH: No le importa, no le importaría; ella está feliz, está feliz.

(Pausa.)

De todos modos, ojalá dejaras de hablar pavadas.

(Recoge la bandeja del té y se va hacia la cocina.)

Estás haciendo lo imposible por arruinar toda la tarde.

(Sale con la bandeja. Luego regresa, mira a Max *y va hacia él.)*

Querido. No irás a creer que podés tener lo que tenemos nosotros con tu esposa, ¿no es cierto? Quiero decir, mi marido, por ejemplo, aprecia enormemente que yo...

MAX: ¿Cómo lo soporta, tu marido? ¿Cómo lo soporta? ¿No me huele cuando vuelve por las noches? ¿Qué dice? Debe estar furioso. Ahora, ¿qué hora es?, las cuatro y media; ahora está sentado en su oficina, sabiendo lo que pasa acá, ¿qué siente?, ¿cómo lo soporta?

SARAH: Max...

MAX: ¿Cómo?

SARAH: Se alegra por mí. Aprecia mi forma de ser. Comprende.

MAX: A lo mejor, yo tendría que conocerlo y conversar un poco con él.

SARAH: ¿Estás borracho?

MAX: A lo mejor tendría que hacer eso. Después de todo, es un hombre, igual que yo. Los dos somos hombres. Vos no sos más que una pobre mujer.

(Ella da un golpe sobre la mesa.)

SARAH: ¡Basta! ¿Qué te pasa? ¿Qué te pasó? *(Tranquilamente.)* Por favor, por favor, basta. ¿Qué estás haciendo, jugando a algo?

MAX:. ¿A algo? Yo no juego a nada.

SARAH: ¿No? Sí. Oh, sí. Sí que lo hacés. Normalmente, me gustan esos juegos.

MAX: Acabo de jugar por última vez.

SARAH: ¿Por qué?

(Pausa breve.)

MAX: Los chicos.

(Pausa.)

SARAH: ¿Qué?
MAX: Los chicos. Tengo que pensar en los chicos.
SARAH: ¿Qué chicos?
MAX: Mis chicos. Los chicos de mi mujer. En cualquier momento van a terminar la escuela. Tengo que pensar en ellos.

(Ella se sienta cerca de él.)

SARAH: Quiero decirte algo al oído. Escuchá. Dejame que te susurre. ¿Mmmm? ¿Puedo? ¿Por favor? Es la hora de hablar al oído. Antes fue la hora del té, ¿no? Ahora es la hora de hablar al oído.
(Pausa.)
Te gusta que te susurre. Te gusta que te ame, susurrando. Escuchá. No tenés que preocuparte por... esposas, maridos, esas cosas. Es tonto. Es realmente tonto. Sos vos, vos ahora, acá, acá conmigo, acá juntos, de eso se trata, ¿o no? Me hablás al oído, tomás el té conmigo, hacés eso, ¿no?, es lo que somos, somos nosotros, amame.

(Él se para.)

MAX: Estás demasiado huesuda.
   (Él se aleja.)
   Es eso, ¿te das cuenta? Yo podría tolerar todo si no fuera por eso. Estás demasiado huesuda.
SARAH: ¿Yo? ¿Huesuda? No seas ridículo.
MAX: No lo soy.
SARAH: ¿Cómo podes decir que estoy huesuda?
MAX: Cada movimiento que hago, tus huesos se me clavan. Estoy harto de tus huesos.
SARAH: ¿Qué estás diciendo?
MAX: Te estoy diciendo que estás demasiado huesuda.
SARAH: ¡Pero si estoy gorda! Mirame. Estoy rellenita. Siempre me dijiste que era rellenita.
MAX: En una época, lo eras. Ya no lo sos.
SARAH: Mirame.

(Él mira.)

MAX: No estás lo suficientemente rellenita. No estás ni cerca de estar rellenita. Ya sabés lo que a mí me gusta. Me gustan las mujeres enormes. Como toros con ubres. Gigantescos toros con ubres fabulosas.
SARAH: Te referís a vacas.
MAX: No me refiero a vacas. Me refiero a toros femeninos voluminosos de formidables ubres. Alguna vez, hace años, vagamente pudiste parecerte a eso.
SARAH: Oh, gracias.
MAX: Pero ahora, francamente, comparada con mi ideal...
   (La observa.)
   Sos piel y hueso.

(Se observan. Él se pone la chaqueta.)

SARAH: Me estás haciendo una broma encantadora.
MAX: Ninguna broma.

(Él sale. Ella lo sigue con la mirada. Gira, se dirige lentamente hacia el bongó, lo recoge, lo pone en el armario. Gira, mira la chaise longue *un momento, camina con lentitud hacia el dormitorio, se sienta en la punta de la cama. La luz disminuye.*

Las luces se encienden. Es el atardecer. Seis campanadas en el reloj. Richard *entra por la puerta principal. Lleva puesto su traje sobrio. Deja el portafolios en el armario, el sombrero en un perchero, mira el cuarto en derredor, se sirve un trago.* Sarah *entra al dormitorio desde el baño, lleva puesto un vestido sobrio. Ambos se quedan parados, quietos, en las dos habitaciones por unos momentos.* Sarah *va hacia el balcón, mira hacia fuera,* Richard *ingresa al dormitorio.)*

RICHARD: Hola.

(Pausa.)

SARAH: Hola.
RICHARD: ¿Mirando la puesta de sol?

(Él levanta una botella.)

RICHARD: ¿Un trago?

SARAH: Por ahora no, gracias.
RICHARD: Qué reunión más pesada. Duró todo el día. Terriblemente cansadora. Igual, creo que se hizo un buen trabajo. Algo se logró. Lamento mucho llegar tarde. Tuve que tomar unos tragos con algunos de los tipos que vinieron del exterior. Buena gente.
(Se sienta.)
¿Cómo estás?
SARAH: Bien.
RICHARD: Qué bueno.
(Silencio.)
Parece que estuvieras un poquito deprimida. ¿Pasa algo?
SARAH: No.
RICHARD: ¿Cómo pasaste el día?
SARAH: Nada mal.
RICHARD: ¿Nada bien?

(Pausa.)

SARAH: Regular.
RICHARD: Oh, lo siento.
(Pausa.)
Qué bueno estar en casa, la verdad. No sabés qué placer.
(Pausa.)
¿El amante vino?
(Ella no contesta.)
¿Sarah?
SARAH: ¿Qué? Perdón. Estaba pensando en algo.

RICHARD: ¿Vino tu amante?
SARAH: Ah, sí. Sí vino.
RICHARD: ¿Vino en forma?
SARAH: La verdad es que me duele la cabeza.
RICHARD: ¿No vino en forma?

(Pausa.)

SARAH: Todos tenemos nuestros días.
RICHARD: ¿Él también? Yo pensaba que la gran ventaja de ser un amante es que eso no les pasaba. Quiero decir, si a mí, por ejemplo, me llamaran para cumplir la función de amante y me sintiera dispuesto, digamos, a aceptar el trabajo, bueno, renunciaría bien pronto si me viera incapacitado de ejecutar tal obligación con propiedad y consistencia.
SARAH: Mirá que usás palabras largas.
RICHARD: ¿Preferís que use cortas?
SARAH: No, gracias.

(Pausa.)

RICHARD: Pero lamento que hayas tenido un mal día.
SARAH: Está bien.
RICHARD: Quizás las cosas mejoren.
SARAH: Quizás.
   (Pausa.)
Eso espero.

(Ella sale del dormitorio, va hasta la sala de estar,

enciende un cigarrillo y se sienta. Él la sigue.)

RICHARD: De cualquier modo, te encuentro muy hermosa.

SARAH: Gracias.

RICHARD: Sí, te encuentro muy hermosa. Me siento muy orgulloso de que me vean con vos. Cuando salimos a cenar, o al teatro.

SARAH: Cuánto me alegra.

RICHARD: O en el Baile de cacería.[3]

SARAH: Sí, el Baile de cacería.

RICHARD: Muy orgulloso, de caminar del brazo con vos como mi esposa. Verte sonreír, reír, caminar, charlar, inclinarte, estar quieta. Oír al hablar tu manejo del estilo contemporáneo, tu delicado uso de las últimas expresiones idiomáticas, empleadas con tanta sutileza. Sí. Sentir la envidia de los otros, sus intentos de ganar favores con vos, por las buenas o por las malas, tu gracia austera confundiéndolos. Y saber que sos mi mujer. Es una fuente de profunda satisfacción para mí.

(Pausa.)

¿Qué hay de cenar?

SARAH: No lo pensé.

RICHARD: Oh, ¿por qué no?

SARAH: Pensar en la cena me resulta un engorro. Prefiero no pensar en eso.

RICHARD: Es una pena. Tengo hambre.

(Pausa breve.)

Ni se te ocurra que yo voy a embarcarme en la cues-

---

[3] Hunt Ball.

tión de la cena después de un día entero analizando asuntos de altas finanzas en el centro.
(Ella se ríe.)
Hasta se podría sugerir que fallaste en tus tareas como esposa.
SARAH: Por Dios.
RICHARD: Debo decir que sospechaba que tarde o temprano esto iba a pasar.

(Pausa.)

SARAH: ¿Cómo está tu puta?
RICHARD: Espléndida.
SARAH: ¿Más gorda o más delgada?
RICHARD: ¿Perdón?
SARAH: ¿Está más gorda o más delgada?
RICHARD: Cada día más delgada.
SARAH: Esto te debe disgustar.
RICHARD: Para nada. Me encantan las mujeres delgadas.
SARAH: Pensé que era al revés.
RICHARD: ¿En serio? ¿Cómo se te pudo ocurrir eso?
(Pausa.)
Por supuesto, el hecho de que no llegaras a tener la cena en la mesa es bastante coherente con la vida que venís llevando desde hace un tiempo, ¿no?
SARAH: ¿Sí?
RICHARD: Totalmente.
(Pausa breve.)
A lo mejor, estoy siendo descortés. ¿Estoy siendo descortés?

SARAH *(lo mira)*: No sé.

RICHARD: Claro que sí. Recién, en el embotellamiento en el puente, sabés, tomé una decisión.

(Pausa.)

SARAH: ¿Oh? ¿Qué?

RICHARD: Que tiene que parar.

SARAH: ¿Qué?

RICHARD: Ese libertinaje tuyo.
   (Pausa.)
Esa vida depravada. Esa senda de ilegítima lujuria.

SARAH: ¿En serio?

RICHARD: Sí, he llegado a una decisión irrevocable acerca de ese punto.

(Ella se pone de pie.)

SARAH: ¿Querés un poco de jamón?

RICHARD: ¿Me entendés?

SARAH: Para nada. Algo frío tengo, en la heladera.

RICHARD: Demasiado frío, estoy seguro. El hecho es que ésta es mi casa. A partir de hoy, te prohíbo que recibas a tu amante en estas locaciones. Esto corre para cualquier hora del día. ¿Está comprendido?

SARAH: Te hice una ensalada.

RICHARD: ¿Querés tomar algo?

SARAH: Sí, quiero.

RICHARD: ¿Qué querés tomar?

SARAH: Sabés lo que tomo. Hace diez años que estamos

casados.

RICHARD: Así es.

(Él sirve.)

Es raro, por supuesto, que me haya llevado tanto tiempo darme cuenta de la humillante ignominia de mi situación.

SARAH: Esto de tener un amante no pasaba hace diez años. No tanto. Ni en la luna de miel.

RICHARD: Es irrelevante. El hecho es que soy un marido que le ha agenciado las puertas abiertas al amante de su mujer cualquier tarde que a ella se le antoje. Fui demasiado amable. ¿No fui demasiado amable?

SARAH: Pero por supuesto. Sos terriblemente amable.

RICHARD: Quizás quieras darle mis saludos, por carta, si te parece, y le pidas que acabe con las visitas a partir de *(consulta un calendario)*... del doce del corriente.

(Largo silencio.)

SARAH: ¿Cómo podés hablar así?

(Pausa.)

¿Por qué hoy... tan de repente?

(Pausa.)

¿Mmmm?

(Ella está cerca de él.)

Tuviste un día difícil... en la oficina. Toda esa gente de afuera. Es tan cansador. Pero es tonto, muy tonto, hablar así. Estoy acá. Para vos. Y siempre comprendiste... cuánto... significan estas tardes. Siempre lo entendiste.

(Ella aprieta su mejilla contra la de él.)

La comprensión es tan rara, tan preciada.

RICHARD: ¿Te parece que es placentero saber que tu mujer te es infiel con gran regularidad dos o tres veces por semana?

SARAH: Richard...

RICHARD: Es insoportable. Se volvió insoportable. Ya no estoy dispuesto a tolerarlo más.

SARAH *(a él)*: Dulce... Richard... por favor.

RICHARD: ¿Por favor qué?

(Ella se detiene.)

¿Te puedo decir lo que sugiero que hagas?

SARAH: ¿Qué?

RICHARD: Llevátelo al campo. Búsquense un zanjón. O una pila de chatarra. Busquen un basural. ¿Mmmm? ¿Qué te parece?

(Ella está de pie, quieta.)

Compren una canoa y búsquense una laguna estancada. Cualquier cosa. Cualquier sitio. Pero no el living de mi casa.

SARAH: Me temo que eso no es posible.

RICHARD: ¿Por qué no?

SARAH: Dije que no es posible.

RICHARD: Pero si tanto querés a tu amante, seguro que lo más obvio que podés hacer es eso, ya que su entrada en esta casa desde ahora está vedada. Estoy tratando de ayudarte, querida, por el amor que te tengo. Eso es evidente. Si lo encuentro en esta casa, le voy patear los dientes.

SARAH: Estás loco.

(Él la mira fijamente.)

RICHARD: Le voy a hundir la cabeza a patadas.

(Pausa.)

SARAH: ¿Y qué me decís de tu propia puta?
RICHARD: Le pagué lo suyo y la eché.
SARAH: ¿Ah, sí? ¿Por qué?
RICHARD: Era demasiado huesuda.

(Pausa breve.)

SARAH: Pero a vos te gustaba... decías que te gustaba... Richard... pero vos me querés a mí...
RICHARD: Por supuesto.
SARAH: Sí... me querés... él no te importa... a él lo entendés... ¿no?... Quiero decir, vos entendés mejor que yo... querido... está todo bien... está todo bien... las noches... y las tardes... ¿Te das cuenta? Escuchame, sí que te preparé la cena. Está lista. No lo dije en serio. Hay Boeuf bourgignon. Y mañana voy a hacer Pollo a la cazadora. ¿Te gusta?
(Se miran.)

RICHARD *(en voz baja)*: Adúltera.
SARAH: No podés pensar así, es imposible, sabés que no podés. ¿Qué te pensás que estás haciendo?

(Él se queda mirándola un segundo, luego va hacia el vestíbulo. Abre el armario del vestíbulo y saca el bongó. Ella lo observa. Él regresa.)

RICHARD: ¿Qué es esto? Lo encontré hace un tiempo. ¿Qué es?
(Pausa.)
¿Qué es?
SARAH: Mejor no lo toques.
RICHARD: Pero está en mi casa. O bien me pertenece a mí, o a vos, o a otro.
SARAH: No es nada. Lo compré en una feria. No es nada. ¿Qué te parece que es? Ponelo donde estaba.
RICHARD: ¿Nada? ¿Esto? ¿Un tambor en mi armario?
SARAH: ¡Ponelo de vuelta!
RICHARD: No tendrá por casualidad algo que ver con tus tardes ilícitas, ¿no?
SARAH: Para nada. ¿Qué puede tener que ver?
RICHARD: Está usado. Esto está usado, ¿no? Me lo puedo imaginar.
SARAH: No te imaginás nada. Dámelo.
RICHARD: ¿Cómo lo usa? ¿Cómo lo usás? ¿Lo tocás mientras estoy en la oficina?
(Ella trata de sacarle el tambor. Richard se aferra a él. Están quietos, sus manos en el tambor.)
¿Qué función cumple esto? Supongo que no es solamente un adorno. ¿Qué hacen con esto?
SARAH *(con tranquila angustia)*: No tenés derecho a preguntarme. Ningún derecho. Fue nuestro acuerdo. Ninguna pregunta de este tipo. Por favor. No lo hagas, no lo hagas. Fue nuestro acuerdo.
RICHARD: Quiero saber.

(Ella cierra los ojos.)

SARAH: No lo hagas...
RICHARD: ¿Lo tocan de a dos? ¿Mmmmnn? ¿Lo tocan de a dos? ¿Los dos juntos?

(Ella se aleja rápidamente, luego se da vuelta, soplando entre dientes.)

SARAH: ¡Estúpido...! *(Lo mira fríamente.)* ¡Te pensás que es el único que viene! ¿Sí? ¿Te pensás que es el único al que recibo? ¿Mmmnn? No seas tonto. Tengo otros visitantes, otros visitantes, todo el tiempo, recibo todo el tiempo. Otras tardes, todo el tiempo. Cuando ninguno de los dos lo sabe, ninguno de los dos. Les doy frutillas cuando están en temporada. Con crema. Desconocidos, absolutos desconocidos. Pero no para mí, no mientras están acá. Vienen a ver la malva loca. Y después se quedan a tomar el té. Siempre. Siempre.
RICHARD: ¿En serio?

(Él va hacia ella, tamborileando suavemente el bongó. La encara, tamborileando, luego agarra su mano y la refriega contra el tambor.)

SARAH: ¿Qué estás haciendo?
RICHARD: ¿Es esto lo que hacen?
   (Ella da un brinco, y se ubica detrás de la mesa. Él va hacia ella, tamborileando.)
¿Así?
   (Pausa.)

Qué divertido.
(Rasguña el tambor con fuerza y luego lo coloca sobre la silla.)
¿Tiene fuego?
(Pausa.)
¿Tiene fuego?
(Ella se retira hacia la mesa, para terminar quedando detrás de ésta.)
Vamos, no sea aguafiestas. A su marido no le va a importar si me da fuego. Está un poco pálida. ¿Por qué está tan pálida? Una chica tan encantadora como usted.

SARAH: ¡No, no diga eso!
RICHARD: Está atrapada. Estamos solos. Cerré con llave.
SARAH: ¡No debe hacer esto, no debe hacerlo, no debe!
RICHARD: A él no le va a importar.
(Empieza a aproximarse lentamente a la mesa.)
Nadie más lo sabe.
(Pausa.)
No nos puede oír nadie más. Nadie sabe que estamos acá.
(Pausa.)
Vamos. Dame fuego.
(Pausa.)
No podés salir, querida. Estás atrapada.

(Se enfrentan a ambos lados de la mesa. De repente, ella se tienta de risa. Silencio.)

SARAH: Estoy atrapada.
(Pausa.)

EL AMANTE

¿Qué va a decir mi marido?

(Pausa.)

Él me espera. Está esperando. No puedo salir. Estoy atrapada. No tiene derecho a tratar así a una mujer casada. ¿No es cierto? Piense, piense, piense lo que está haciendo.

(Ella lo mira, se agacha y comienza a gatear bajo la mesa en dirección a él. Emerge del otro lado de la mesa y se arrodilla a los pies de él, mirándolo. Su mano sube por la pierna de él. Él la mira.)

Usted es muy atrevido. De veras. De veras lo es. Pero mi marido entenderá. Mi marido sí que entiende. Venga aquí. Venga aquí abajo. Le voy a explicar. Después de todo, piense en mi matrimonio. Él me adora. Venga que le voy a hablar en el oído. Lo voy a susurrar. Es la hora de hablar en el oído. ¿No es cierto?

(Ella toma sus manos. Él cae de rodillas, con ella. Están juntos, arrodillados, muy cerca. Ella le acaricia la cara.)

Es una merienda un poco tarde. ¿No? Pero creo que me gusta. ¿No sos un encanto? Nunca te había visto después del anochecer. Mi marido está en una reunión hasta muy tarde. Sí, te ves distinto. ¿Por qué tenés puesto este traje extraño, y esta corbata? Normalmente te ponés otra cosa, ¿no? Sacate la chaqueta. ¿Mmmnn? ¿Querés que me cambie? ¿Querés que me cambie de ropa? Me voy a cambiar por vos, querido. ¿Querés? ¿Te gustaría?

(Silencio. Ella está muy cerca de él.)

RICHARD: Sí.
(Pausa.)
Cambiate.
(Pausa.)
Cambiate.
(Pausa.)
Cambiate de ropa.
(Pausa.)
Qué linda putita.

(Están quietos, arrodillados, ella apoyada sobre él.)

FIN

Escuela nocturna

(1960)

Escuela nocturna *fue presentada por primera vez por Associated-Rediffusion Television el 21 de julio de 1960, con el siguiente reparto:*

ANNIE	Iris Vandeleur
WALTER	Milo O'Shea
MILLY	Jane Eccles
SALLY	Vivien Merchant
SOLTO	Martin Miller
TULLY	Bernard Spear

Dirigida por Joan Kemp-Welch

Luego habría de ser emitida en el Third Programme de la BBC, el 25 de septiembre de 1966 en la versión aquí impresa, con el siguiente reparto.

ANNIE	Mary O'Farrell
WALTER	John Hollis
MILLY	Sylvia Coleridge
SALLY	Prunella Scales
SOLTO	Sydney Tafler
TULLY	Preston Lockwood

BARBARA   Barbara Mitchell
MAVIS   Carol Marsh

Dirigida por Guy Vaesen

(*Sala de estar.*)

ANNIE: Mirá tu piloto. Está en el piso.
WALTER: Ya lo cuelgo. Llevo la valija arriba, ¿eh?
ANNIE: Tomate el té. Dale, tomate el té. No te molestes en subir la valija.

(*Pausa.*)

WALTER: Qué buena torta.
ANNIE: ¿Te gusta? Yo tuve que dejar las tortas. Me estaban dando acidez. Dale, tomá otra porción.
WALTER: Bueno, el lugar se ve maravilloso.
ANNIE: Le di una lavada de cara antes de que llegues.
    (*Pausa.*)
Bueno, Wally, ¿cómo te trataron esta vez, eh?
WALTER: Una maravilla.
ANNIE: No te esperaba de regreso tan pronto. Pensé que ibas a estar más tiempo esta vez.
WALTER: No, no iba a estar más tiempo.
ANNIE: Milly no está muy bien.
WALTER: Oh. ¿Qué le pasa?
ANNIE: Baja en un minuto, te oyó llegar.

WALTER: Le traje unos bombones.
ANNIE: No los puedo ni ver, a los bombones.
WALTER: Ya lo sé. A vos no te traje por eso.
ANNIE: Te acordaste, ¿eh?
WALTER: Oh, sí.
ANNIE: Sí, está descansando arriba. Lo único que hago es subir y bajar corriendo las escaleras todo el día. ¿Y el otro día? Me subí para arreglar esas cortinas, casi me da algo. Y va y me dice que no las tendría que haber puesto así. Que las tendría que haber puesto al revés.
WALTER: ¿Qué les pasa a las cortinas?
ANNIE: Según ella, no tienen buena caída. Dice que las tendría que haber puesto al revés. Le gustan al revés. Se lo pasa acostada ahí arriba. Yo soy más vieja que ella.

(Annie se sirve más té, y sirve más a Walter.)

Fui y me traje esta torta ni bien recibimos tu carta.

WALTER *(suspirando)*: Ah, ¿viste?, hace meses que pienso... ¿viste?... meses... Voy a volver acá... Me voy a tirar en mi cama... Voy a mirar las cortinas que sacude el viento... Voy a tomarme un buen descanso, ¿eh?
ANNIE: Ahí la tenés, se está moviendo. Te dio un poco el sol.
WALTER: Me voy a tomar unas semanas de tranquilidad.
ANNIE: Deberías. Es una pavada. Deberías descansar unas semanas.

(Pausa.)

WALTER: ¿Cómo está el señor Solto?

ANNIE: Sigue siendo el mejor dueño del barrio. No se encuentra un dueño mejor en ningún barrio.
WALTER: Para él, son buenas inquilinas.
ANNIE: Es tan amable. Es casi de la familia. Nada más que no vive acá. En realidad, hace meses que no viene a tomar el té.
WALTER: Le voy a pedir que me preste plata.
ANNIE: Ahí está bajando.
WALTER: ¿Qué son para él un par de billetes de cien? Nada.
ANNIE *(susurrando)*: No digas nada de las cortinas.
WALTER: ¿Eh?
ANNIE: Ni menciones las cortinas. Cómo cuelgan. Lo que te conté que ella dijo de cómo colgué las cortinas. No digas nada. Acá viene.

(Entra Milly.)

WALTER *(dándole un beso)*: Tía Milly.
MILLY: ¿Te dio una porción de torta?
WALTER: Una torta buenísima.
MILLY: Le dije que la fuera a comprar.
WALTER: Hace nueve meses enteros que no pruebo un pedazo de torta como ésa.
MILLY: Es de acá a unas cuadras.
WALTER: Tomá, tía, acá tenés unos bombones.
MILLY: No se olvidó de que me gustan los bombones.
ANNIE: No se olvidó de que no me gustan los bombones.
MILLY: ¿Con nuez? ¿Son con nuez?
WALTER: Los elegí especialmente por las nueces. Eran los que más nuez tenían de todos los que había.

ANNIE: Sentate, Milly. No te quedes parada.

MILLY: Estuve sentada, estuve acostada. De vez en cuando, tengo que estar parada.

WALTER: No estuviste muy bien, ¿eh?

MILLY: Regular. No paso de regular.

ANNIE: Yo tampoco paso de regular.

MILLY: Sí, Annie no pasa de regular.

WALTER: Bueno, ahora estoy de vuelta, ¿eh?

MILLY: ¿Cómo te trataron esta vez?

WALTER: Muy bien. Muy bien.

MILLY: ¿Cuándo vas a volver?

WALTER: No voy a volver.

MILLY: Tendría que darte vergüenza, Walter, pasarte media vida en la cárcel. ¿A dónde te creés que te va a llevar eso?

WALTER: ¿Media vida? ¿Qué querés decir? Dos veces, nada más.

ANNIE: ¿Y la vez de Borstal?[1]

WALTER: Eso no vale.

MILLY: A mí no me importaría si alguna vez tuvieras un poquito de suerte, ¿pero qué pasa? Cada vez que hacés una movida te meten adentro.

WALTER: Eso se acabó, de todos modos.

MILLY: Escuchá, yo ya te lo dije, si no sos inteligente de esa manera, tendrías que probar otra cosa, tendrías que ponerte algún negocio... podrías pedirle el capital a Solto, algo te va a prestar. Cada vez que salís por esa puerta, te agarran y te meten adentro. ¿Qué hay de bueno en eso?

---

[1] Borstal: reformatorio o correccional de menores.

ANNIE: ¿Vas a querer una pastafrola, Wally?
WALTER: Sí.
MILLY *(come)*: ¿De dónde son estas pastafrolas?
ANNIE: De acá a la vuelta.
MILLY: ¿De acá a la vuelta? Pensé que te había dicho que las compraras en el de a unas cuadras.
ANNIE: El de a unas cuadras no tenía.
MILLY: ¿Por qué, se le acabaron?
ANNIE: No sé si hizo, hoy.
MILLY: ¿Qué tal están?
WALTER: Buenísimas. *(Toma otra. Come. Pausa.)*
Milly: Yo la tuve que dejar, la pastafrola, ¿no, Annie?
ANNIE: Le daba acidez.
MILLY: La tuve que dejar. Tuve que dejar la pasta frola, desde después de las Pascuas.
ANNIE: Seguro que en la cárcel no te daban pastafrola, Wally.
WALTER: No, no pude ni tocar una.

(Pausa.)

MILLY: Bueno. ¿Se lo dijiste?
ANNIE: ¿Si le dije qué?
MILLY: ¿No se lo dijiste?
WALTER: ¿Decirme qué?
MILLY: ¿Eh?
ANNIE: No, no se lo dije.
MILLY: ¿Por qué no?
ANNIE: No se lo iba a decir.
WALTER: ¿Decirme qué?

MILLY: Dijiste que se lo ibas a decir.
ANNIE: No me animé.
WALTER: ¿Qué pasa acá? ¿Qué es todo esto?

(Pausa.)

ANNIE: Servite un polvorón, Wally.
WALTER: No, gracias. Estoy lleno.
ANNIE: Dale, agarrá un polvorón.
WALTER: No, ya comí mucho. De verdad.
MILLY: Agarrá un polvorón, dale.
WALTER: No puedo, ¡estoy lleno!
ANNIE: Voy a llenar la tetera.
MILLY: Yo voy.
ANNIE: Vos no podés ir, dejá, dame la tetera. No podés ir, no estás bien.
MILLY: Yo voy, dejá, dame la tetera.
ANNIE: El té lo hice yo, ¿por qué no puedo ir y llenar la tetera?
MILLY: ¿No le puedo llenar la tetera a mi propio sobrino?
WALTER: A ver, escuchen, ¿qué me tienen que decir?, ¿qué pasa? Llego a casa de la cárcel, estuve nueve meses a la sombra, vengo a casa buscando un poco de paz y tranquilidad para recuperarme. ¿Qué pasa acá?
MILLY: Bueno... Alquilamos tu cuarto.
WALTER: ¿Hicieron qué?
ANNIE: Alquilamos tu cuarto.

(Pausa.)

MILLY: Mirá, Wally, no empieces a poner caras. ¿Cómo nos íbamos a arreglar?

(Pausa.)

WALTER: ¿Hicieron qué?
ANNIE: Te extrañamos.
MILLY: Nos trajo un poquito de compañía.
ANNIE: Por supuesto.
MILLY: Nos dio una mano.
ANNIE: Te pasás la mitad del tiempo adentro, no sabemos cuándo vas a salir...
MILLY: No tenemos nada más que la jubilación.
ANNIE: Es todo lo que tenemos, nada más que la jubilación.
MILLY: Ella paga bien, nos paga treinta y cinco chelines con seis por semana...
ANNIE: Todos los viernes por la mañana se aparece con el alquiler.
MILLY: Y cuida su cuarto, está siempre limpiando su cuarto.
ANNIE: Me ayuda a limpiar un poco toda la casa.
MILLY: Los fines de semana...
ANNIE: Deja el baño como si fuera nuevo...
MILLY: Y tendrías que ver lo que le hizo al cuarto.
ANNIE: Ah, tendrías que ver cómo arregló el cuarto.
MILLY: Lo dejó hermoso, lo dejó realmente precioso...
ANNIE. Lo equipó con una mesita de luz, ¿no es cierto?
MILLY: Está siempre estudiando libros.
ANNIE: Va a la escuela nocturna tres noches por semana.
MILLY: Es una chica joven.

ANNIE: Es una chica muy limpia.
MILLY: Es silenciosa...
ANNIE: Es muy de su casa...

(Pausa.)

WALTER: ¿Cómo se llama?
ANNIE: Sally...
WALTER: ¿Sally qué?
MILLY: Sally Gibbs.
WALTER: ¿Cuánto hace que está?
MILLY: Hace más o menos... ¿cuándo es que vino?
ANNIE: Ella vino más o menos...
MILLY: Cuatro meses más o menos... hace que está...
WALTER: ¿Cómo se gana la vida?
MILLY: Enseña en una escuela.
WALTER: ¡Una maestra de escuela!
MILLY: Sí.
WALTER: ¡Una maestra de escuela! En mi cuarto.

(Pausa.)

ANNIE: Wally, te va a gustar.
WALTER: ¡Está durmiendo en mi cuarto!
MILLY: ¿Qué pasa con el catre? Podés armarte el catre acá.
WALTER: ¿El catre? Ella duerme en mi cama.
ANNIE: Compró un cubrecamas precioso, lo tiene puesto.
WALTER: ¿Un cubrecamas? Si se me canta, puedo ir ahora mismo y comprar un cubrecamas tan bueno como el suyo. ¿Para qué me hablan de cubrecamas?

MILLY: Walter, no le grites a tu tía, está sorda.
WALTER: No lo puedo creer. Vengo a casa después de nueve meses en un calabozo.
ANNIE: La plata es de gran ayuda.
WALTER: ¿Alguna vez las dejé sin plata?
MILLY: ¡Sí!
WALTER: Bueno... no por culpa mía. Siempre hice lo que pude.
MILLY: ¿Y hasta dónde te llevó eso?
WALTER: ¿Qué es esto, me están reprochando?
ANNIE: Tu tía no es de las que andan reprochando a nadie, Walter.
MILLY: Vive y deja vivir, ése es mi lema.
ANNIE: Y el mío.
MILLY: Siempre fue mi lema, preguntale a cualquiera.
WALTER: Escuchen, ustedes no entienden. Ésta es mi casa. Yo vivo acá. Viví en ese cuarto durante años...
ANNIE: De vez en cuando.
WALTER: ¿Me están pidiendo que duerma en ese catre? La única persona que durmió en ese catre fue la tía Gracy. Por eso se fue a Estados Unidos.
MILLY: Grace durmió ahí cinco años con el tío Alf. Jamás se quejaron.
WALTER: ¡El tío Alf! De verdad, esto me deja pasmado. No lo puedo creer. Pero les voy a decir una cosa sobre esa cama en la que está durmiendo.
ANNIE: ¿Qué pasa con la cama?
WALTER: No pasa nada con la cama. Que es mía, y punto. Yo la compré.
ANNIE: Él la compró, Milly.
MILLY: ¿Vos? Pensé que la había comprado yo.

ANNIE: Es cierto. Vos la compraste. Me acuerdo.
WALTER: Vos la compraste, fuiste y la elegiste, ¿pero quién te dio la plata para comprarla?
ANNIE: Sí, tiene razón. Fue él.
WALTER: Quiero decir... ¿Qué carajo pasó con mis cosas? ¿Qué pasó con mi valija? ¿La que dejé acá?
ANNIE: Bueno, a ella no le molestó que dejáramos tus cosas en el armario, ¿no es cierto, Milly?
WALTER: ¿Cosas? ¡Es el trabajo de toda mi vida!
(Pausa.)
Se va a tener que ir, eso es todo.
MILLY: Ella no se va.
WALTER: ¿Por qué no?
ANNIE: No se va a ir.
MILLY: Yo diría que no. Se queda.

(Pausa.)

WALTER *(con cansancio)*: ¿Por qué no puede dormir ella en el catre?
ANNIE: ¿Poner a una chica tan encantadora como ella en el catre? ¿En el comedor?
WALTER: ¿Es encantadora, mh?
MILLY: Tendrías que ver la crema de belleza en su tocador.
WALTER: Mi tocador.
MILLY: Me gusta una chica que se cuida.
ANNIE: Se da un buen retoque todas las noches.
MILLY: Vive en la bañadera. De mañana y de noche. Por las noches, va a la escuela nocturna, se baña antes de salir; las otras noches, se baña antes de ir a la cama.

WALTER: Bueno, no podría bañarse después de irse a la cama, ¿no?
  (Pausa.)
  ¿Escuela nocturna? ¿Qué clase de escuela nocturna?
MILLY: Estudia idiomas ahí. Está aprendiendo a hablar dos idiomas más.
ANNIE: Sí, se la puede oler por toda la casa.
WALTER: ¿Olerla?
ANNIE: Perfumes preciosos, se pone.
MILLY: Sí, es cierto, es un placer olerla.
WALTER: ¿Ah, sí?
ANNIE: No hay nada de malo en un poco de perfume.
MILLY: Nosotras no somos tan cerradas como para no tolerar un poquito de perfume.
ANNIE: Está actualizada, eso es todo.
MILLY: A la última moda.
ANNIE: Yo también, cuando era una chica.
MILLY: ¿Y yo qué?
ANNIE: Vos también. Pero no estabas tan actualizada como yo.
MILLY: Sí que estaba. No se me pasaba ni una.

(Pausa.)

WALTER: ¿Ella sabe dónde estuve yo?
ANNIE: Ah, sí.
WALTER: ¿Le contaron que estuve en cana?
ANNIE: Ah, sí que le contamos.
WALTER: ¿Le contaron por qué?
MILLY: Ay, no. Ay no, no le contamos por qué.

ANNIE: Ay no, de eso no hablamos... Pero quiero decir, a ella no le preocupó, ¿no, Milly? Estaba muy interesada. Ay, estaba terriblemente interesada.

WALTER *(lentamente)*: Estaba interesada, ¿ahá?

ANNIE: Sí.

*(*Walter *se pone de pie abruptamente, da un golpe sobre la mesa.)*

WALTER: ¿Dónde voy a meter mi valija?

ANNIE: La podés poner en el pasillo.

WALTER: ¿El pasillo? O sea que voy a tener que andar corriendo al pasillo cada vez que quiera algo.

(Pausa.)

No puedo vivir mucho tiempo en estas condiciones. Estoy acostumbrado a algo mejor. Estoy acostumbrado a tener intimidad. Se me puede aparecer acá en cualquier momento del día o de la noche. Ésta es la sala de estar. No quiero compartir mis comidas con una desconocida.

ANNIE: Nada más tiene cama con desayuno. Yo se lo subo a su cuarto.

WALTER: ¿Qué come?

ANNIE: Come un buen pedazo de tocino con un huevo pasado por agua, y disfruta cada minuto del desayuno.

WALTER: ¿Por treinta y cinco chelines con seis por semana? Están cobrando tres libras con diez en cualquier lugar del país. Las está estafando. Tiene buena agua corriente, caliente y fría, todas las comodidades, desayuno en cama de primera clase. Las está cagando.

ANNIE: No, para nada.

(Pausa.)

WALTER: Dejé una cosa en mi cuarto. La voy a buscar.

(Sale y sube las escaleras. Se abre la puerta del baño y aparece Sally. Baja hasta la mitad de la escalera. Se encuentran.)

SALLY: ¿El señor Street?
WALTER: Sí.
SALLY: Encantada. He oído tanto de usted.
WALTER: Ah sí.
    (Pausa.)
Yo... este...
SALLY: Sus tías son un encanto.
WALTER: Mmmm.

(Pausa.)

SALLY: ¿Está contento de estar de vuelta?
WALTER: Me dejé una cosa en mi cuarto. La tengo que ir a buscar.
SALLY: Oh, bueno, nos vemos. Chau.

(Ella va a su cuarto. Él la sigue. Los pasos se detienen.)

WALTER: ¿Yo... podría...?

SALLY: ¿Qué?
WALTER: Pasar.
SALLY: ¿Pasar? Pero... bueno, sí... dale... si querés.
    (Entran. Walter cierra la puerta, la sigue.)
Lo siento. Está todo por el aire. Estoy todo el día en la escuela. No tengo mucho tiempo para ordenar.
    (Pausa.)
Me parece que estoy dando clases en la escuela a la que fuiste vos. En el preescolar.
WALTER: ¿Acá a la vuelta? Sí, yo fui ahí.
SALLY: No me vas a creer todo lo que escuché de vos. A tus tías se les cae la baba por vos.
WALTER: Por vos también.

(Pausa.)

SALLY: Estoy feliz aquí. Me llevo muy bien con ellas.
WALTER: Mirá... Tengo que buscar una cosa acá...
SALLY: ¿Acá? Me pareció oírte decir que te habías dejado una cosa en tu cuarto.
WALTER: Éste es mi cuarto.

(Pausa.)

SALLY: ¿Éste?
WALTER: Ocupaste mi cuarto.
SALLY: ¿En serio? Yo no... me había dado cuenta. Nadie me lo dijo. Lo siento mucho. ¿Lo querés?
WALTER: No me molestaría.
SALLY: Oh, dios... qué vergüenza... La verdad que estoy

muy cómoda acá... Quiero decir, ¿en qué otro lugar podría dormir?
WALTER: Hay un catre abajo.
SALLY: Oh, no confío en esas cosas, ¿y vos? Digo... ésta es una cama tan maravillosa.
WALTER: Ya lo sé. Es mía.
SALLY: ¿Me querés decir que estoy durmiendo en tu cama?
WALTER: Sí.
SALLY: Oh.

(Pausa.)

WALTER: Tengo una cosa acá que quiero sacar.
SALLY: Bueno... adelante.
WALTER: Está en un lugar bastante privado.
SALLY: ¿Querés que salga?
WALTER: Sí, si no te importa.
SALLY: ¿Que salga de la habitación, es eso?
WALTER: No tardo ni un minuto.
SALLY: ¿Qué estás buscando?
WALTER: Es un asunto privado.
SALLY: ¿Es un revólver?
   (Pausa.)
¿No me puedo poner de espaldas?
WALTER: Dos minutos. Es todo lo que quiero.
SALLY: Está bien. Dos minutos.

(Ella sale de la habitación y se queda en el rellano junto a la puerta. Walter gruñe y musita para sus adentros.)

WALTER: Mirá estos voladitos. Voladitos... por todos lados. Una casa de muñecas. Mi maldito cuarto.

(Se escucha la voz de Sally *desde el rellano.)*

SALLY: ¿Terminaste?
WALTER: Un minuto.
    (Abre el armario y hurga en él.) (Musitando:) ¿Dónde mierda está esa valija? Un minuto... ¿qué es esto?
    (Sonido de un gran sobre al ser abierto.) (En voz baja:) Epa, ¡huuhhh!
SALLY: ¿Ya está?
WALTER: Sí. Gracias.

(Sally entra al cuarto.)

SALLY: ¿Lo encontraste?
WALTER: Sí, gracias.
    (Él va hacia la puerta.)
¿Qué enseñás? ¿Ballet?
SALLY: ¿Ballet? Qué pregunta más rara.
WALTER: No es rara. Hay montones de mujeres que enseñan ballet.
SALLY: Yo no bailo.

(Pausa.)

WALTER: Perdón por interrumpirte la... noche.
SALLY: Está bien.

WALTER: Buenas noches.
SALLY: Buenas noches.

(Apagón.)

(Luz.)

ANNIE: Sírvase otro merengue de limón, señor Solto.
SOLTO: Cómo no.
ANNIE: Le va a gustar.
SOLTO: Me querían sacar trescientas cincuenta libras de impuesto a las ganancias el otro día. Palabra de honor. Les dije, ¡deben estar locos! ¿Qué están tratando de hacer, matarme antes de tiempo? Vayan y cómprenme una pala barata, que a la mañana me levanto y lo primero que hago antes de desayunar es ir y cavarme mi propia tumba. ¿Trescientas cincuenta y cinco libras, eh? Les dije, muéstrenme, muéstrenmelo por escrito, muéstrenme dónde gané... deben ser unas mil libras, todo eso me están pidiendo. Es un estimativo, me dicen, hicimos un estimativo de sus ingresos. ¿Un estimativo? ¿Quién hizo su estimativo? ¿Un ciego que ve doble? Soy un viejo jubilado. Me pagan tres libras por semana de jubilación, ¡a ver si me encuentran algo que estimar! ¿Qué me decís, Walter?
WALTER: Son una manga de criminales, todos esos.
ANNIE: No les importan los viejos.
MILLY: Igual, a usted todavía le queda un montón de energía, señor Solto.
SOLTO: ¿Un montón de qué?

MILLY: Energía.

SOLTO: ¿Energía? Me tendrían que haber visto en el desierto, allá en Australia. Yo fui el tipo que les abrió las tierras del norte.

MILLY: Es increíble que nunca se haya casado, señor Solto.

SOLTO: Siempre fui un lobo solitario. La primera vez que me sedujeron me dije, Solto, cuidado, cuidado hasta dónde vas, vas hasta acá pero no más allá de esto. Si te quieren seducir, que te seduzcan, ¿pero casarte con ellas? Fuera de toda cuestión.

WALTER: ¿Dónde fue eso, en Australia o en Grecia?

SOLTO: Australia.

WALTER: ¿Cómo llegó a Australia de Grecia?

SOLTO: Por mar. ¿Cómo creés? Trabajé para pagarme el pasaje. Y qué viaje. Yo era un adolescente. Maté a un tipo con mis propias manos, un lascar[2] de dos metros diez de alto, uno de Madagascar.

ANNIE: ¿De Madagascar?

SOLTO: Claro. Un lascar.

MILLY: ¿Alaska?

SOLTO: Madagascar.

(Pausa.)

WALTER: Ya ha pasado antes.

SOLTO: Y va a pasar de nuevo.

MILLY: Sírvase otro pionono, señor Solto.

---

[2] Un marinero indio, un lascar. Se sugiere la palabra castellana "lascar", muy poco usual, si se desea mantener el juego de palabras. (N. del T.)

ANNIE: Seguro que alguna mujer podría haberle sido una buena esposa.

SOLTO: ¡Si me quisiera casar lo podría arreglar mañana mismo, como si nada! Pero yo soy como Wally; soy un lobo solitario.

WALTER: ¿Cómo anda el negocio de la chatarra?

SOLTO: ¡Ssshh! Es lo mismo que me preguntó el inspector de impuestos. Le dije que me retiré hace años. Me dice: ¿Por qué no llena los formularios de impuesto a las ganancias? ¿Por qué no llena los formularios que le mandamos? Le dije: no tengo impuesto a las ganancias que declarar, por eso. Es el único en el barrio que no llena los formularios, me dice, ¿usted quiere ir preso? ¿Preso –le dije– un tipo como yo, un viejo que vive honestamente como yo, un hombre que descubrió a Don Bradman?[3] ¡Es una vergüenza nacional! Llene el formulario, me dice, no va a haber problema. ¡Escúcheme!, le dije, si quiere que le llene estos formularios, si quiere que yo me coma toda esta burocracia, está bien, págueme algo, págueme por el trabajo. Me paga y se lo hago. Si no llénelos usted, déjeme en paz. ¿Trescientas cincuenta y cinco libras? Se las van a ver negras.

ANNIE: Una buena esposa no le hubiera causado ningún daño. Le llenaría los formularios.

SOLTO: Eso es lo que me da miedo.

MILLY: Sírvase una tarteleta, señor Solto.

ANNIE: Todavía es de buen comer.

SOLTO: Me estuve reservando de la última vez que vine.

---

[3] Don Bradman, jugador de cricket australiano. (N. del T.)

WALTER: ¿Por qué, cuánto hace que vino, señor Solto?
MILLY: Justo después que entraste.
SOLTO: Traje unos narcisos.
ANNIE: Hace nueve meses, se acuerda.
SOLTO: ¿Cómo están?
ANNIE: ¿Qué?
SOLTO: Los narcisos.
ANNIE: Oh, se murieron.
SOLTO: A seguir. *(Come.)*
WALTER: ¿Así que no sabe de la inquilina?
SOLTO: ¿Inquilina?
WALTER: Sí, ahora tenemos una inquilina nueva.
MILLY: Es maestra de escuela.
SOLTO: ¿Maestra de escuela, eh? Hmm. ¿Dónde duerme? ¿En el catre?
WALTER: Mis tías le dieron mi pieza.
MILLY: Vamos, Annie, ayudame a limpiar la mesa.
SOLTO: La señorita que me sedujo por primera vez en Australia... sacó al marido de una patada y me dio su pieza. Me lo crucé años después, estaba dando un discurso en la calle, en Marble Arch. No estaba mal, el discurso, al parecer.
MILLY *(apilando los platos)*: ¿Por qué no le presta unas libras a Wally, señor Solto?
SOLTO: ¿Yo?
ANNIE: Sí, ¿por qué no lo hace?
MILLY: Lo podría ayudar a sentar cabeza.
SOLTO: ¿Por qué no vas a la Sociedad de Asistencia al Presidiario? Te pueden dar un préstamo. Digo, tenés dos entradas, debés tener algunas buenas referencias.

WALTER: Doscientas libras no son nada para usted.

SOLTO: Doscientas por acá, trescientas cincuenta y cinco por allá... ¿qué te pensás que soy, el gerente de un banco?

MILLY: No se las puede llevar con usted, señor Solto.

WALTER: Quiere ser el hombre más rico del cementerio.

ANNIE: No le van a servir de nada a donde usted va, señor Solto.

SOLTO: ¿Quién se va a dónde?

MILLY: Vamos, Annabel.

ANNIE: Quedó un polvorón solo, señor Solto.

SOLTO: Le digo qué, Annie. Guárdese el polovorón.

MILLY: Annabel.

(Annie y Milly salen con los platos.)

SOLTO: Ojalá pudiera darte una mano, Wally. En serio. Pero las cosas andan ajustadas. El otro día aposté seis trifectas cruzadas.[4] Acerté las tres primeras. Al cuarto le dio reuma en la última valla. Me pasé dos días sin tener qué comer.

WALTER: Un empujoncito me vendría bien. Estoy pensando en enderezarme.

SOLTO: ¿Por qué? ¿Te estás cansando de la vida criminal?

---

[4] Pinter utiliza la expresión "six cross doubles", que si bien es un tecnicismo de las carreras de caballos, no parece coincidir luego con la descripción de lo que ocurrió en la carrera. En castellano existen términos similares, muy técnicos, como trifecta, o cuatrifecta, que si bien tampoco coinciden con el sistema según el cual Solto parece haber apostado, construyen el mismo verosímil que en inglés. Como suele suceder en Pinter, no tenemos forma de saber si Solto es consciente de que lo que está describiendo no es exactamente un "cross double". (N. del T.)

WALTER: No soy lo suficientemente bueno. Me agarran demasiado. No soy lo suficientemente inteligente.
SOLTO: ¿Todavía seguís con lo de las libretas de correo?
WALTER: Sí.
SOLTO: No tenés chance. Yo ya te lo dije. Si querés ser falsificador, tenés que tener un don. Te tiene que venir de alma.
WALTER: No soy un falsificador lo suficientemente bueno.
SOLTO: Sos un falsificador terrible.
WALTER: Por eso me agarran sin parar.
SOLTO: Yo soy mejor falsificador que vos, si te descuidás. Y no falsifico.
WALTER: No tengo el don.
SOLTO: Un falsificador tiene que tenerle amor a su trabajo. Vos no le tenés amor a tu trabajo, ése es el tema, Walter.
WALTER: Si me prestaras doscientas libras, podría enderezarme.
SOLTO: Soy un viejo jubilado, Wally. ¿De qué me estás hablando?
WALTER: ¡Si pudiera recuperar mi cuarto, al menos! ¡Me podría acomodar, podría pensar, pensar cosas!
SOLTO: Bueno, ¿quién es esta maestra, entonces? ¿Cómo es el juego?
WALTER *(con naturalidad)*: Escuchame, te quiero mostrar una cosa.
SOLTO: ¿Qué?
WALTER: Esta foto.
SOLTO: ¿Quién es?
WALTER: Una chica... que quiero encontrar.

SOLTO: ¿Quién es?
WALTER: Eso es lo que quiero descubrir.
SOLTO: Estábamos hablando de falsificar, de tu pieza, de la maestra. ¿Qué tiene que ver esto con todo eso?
WALTER: Es un club, ¿no?... ¿lo de la foto?
SOLTO: Seguro.
WALTER: ¿Y esa chica atiende ahí, no?
SOLTO: Seguro.
WALTER: ¿La podés ubicar?
SOLTO: ¿Yo?

(Pausa.)

WALTER: ¿Conocés a alguno de estos hombres... estos hombres con ella?
SOLTO: Oh oh, uno de ellos... me resulta familiar.
WALTER: Encontrame a la chica. Es importante. Como favor. Sos el único que conozco que puede encontrarla. Vos conocés estos clubes.
SOLTO: ¿A la chica la conocés?

(Pausa.)

WALTER: No.
SOLTO: Bueno, ¿de dónde sacaste la foto?
WALTER: La conseguí.
SOLTO: ¿Qué hiciste? ¿Te enamoraste de una foto?
WALTER: Claro. Es eso.
SOLTO: Sí... Una chica muy atractiva. Una chica hermosa. Está bien, Wally. Voy a tratar de encontrártela.

WALTER: Gracias.

(Se escucha un portazo en la puerta de calle. Pasos subiendo la escalera.)

SOLTO: ¿Quién es?
WALTER: Nuestra inquilina. La maestra.

(Apagón.)

(La luz sube.)

MILLY: No quiero la leche caliente, la quiero fría.
ANNIE: Está fría.
MILLY: Pensé que la habías calentado.
ANNIE: Lo hice. Para cuando subí, ya se había enfriado.
MILLY: La tendrías que haber dejado en el jarrito. Si la hubieras subido en el jarrito, todavía estaría caliente.
ANNIE: Pensé que habías dicho que no la querías caliente.
MILLY: No la quiero caliente.
ANNIE: Bueno, por eso digo que está fría.
MILLY: Ya lo sé. Pero si la hubiera querido caliente. Eso es lo que digo. *(Tomando la leche a sorbos:)* Podría estar más fría.
ANNIE: ¿Querés un pedacito de anchoa o una factura?
MILLY: Me como la anchoa. ¿Vos qué vas a comer?
ANNIE: Voy a bajar, me voy a comer una factura.
MILLY: Te podés comer ésta.
ANNIE: No, abajo tengo una. Te podés guardar ésta para después de la anchoa.

MILLY: ¿Por qué no te comés la anchoa vos?
ANNIE: ¿Sabés qué es lo que no me vendría nada mal? No me vendrían nada mal unas sardinas.
MILLY: Arenque. Un lindo pedacito de arenque, eso sí que estaría bueno.
ANNIE: Unas sardinas con una gota de vinagre. Y un plato de mousse de chocolate para después.
MILLY: ¿Mousse de chocolate?
ANNIE: ¿No te acordás cuando comimos mousse de chocolate en Clacton?
MILLY: La mousse de chocolate no va con el arenque.
ANNIE: No voy a comer arenque. Voy a comer sardinas.
(Ruido de pasos subiendo la escalera.)
Escuchá.

(Annie gira el picaporte, escucha. Walter golpea a la puerta de Sally.)

SALLY: ¿Sí?
WALTER: Soy yo.
SALLY: Un momento. Pasá.

(La puerta se abre.)

WALTER: ¿Cómo estás?
SALLY: Bien.

(La puerta se cierra.)

ANNIE: Está adentro.

MILLY: ¿Qué querés decir con que está adentro?
ANNIE: Entró.
MILLY: ¿Entró dónde, Annie?
ANNIE: A la pieza de ella.
MILLY: De él.
ANNIE: De él.
MILLY: ¿Entró?
ANNIE: Sí.
MILLY: ¿Ella está adentro?
ANNIE: Sí.
MILLY: Entonces él está adentro con ella.
ANNIE: Sí.
MILLY: Andá y escuchá.

(Annie *sale por la puerta y baja hasta el rellano junto a la puerta de* Sally, *donde se detiene. Escuchamos el siguiente diálogo desde su punto de vista.*)

WALTER: Vamos a tomar un poco de esto. Lo traje para vos.
SALLY: ¿Qué es?
WALTER: Coñac.
SALLY: ¿Y esto a qué viene?
WALTER: Bueno, pensé que no estaría mal poder llegar a conocernos, viviendo en la misma casa.
SALLY: Sí, ¿por qué no?
WALTER: ¿Te gusta tomar?
SALLY: No, la verdad que no.
WALTER: Nada más uno o dos de vez en cuando, ¿eh?
SALLY: Muy ocasionalmente.

WALTER: ¿Pero una gota de esto vas a tomar?
SALLY: Una gota... Vasos...
WALTER: Acá los tengo.
SALLY: Todo preparado, ¿eh?

(Él abre la botella y sirve.)

WALTER: Chin-chin.
SALLY: Salud.
WALTER: Quería decirte... Ayer estuve un poco tosco. Me quería disculpar.
SALLY: No estuviste tosco.
WALTER: Nada más me va a llevar un tiempo acostumbrarme, eso es todo, a que tengas mi pieza.
SALLY: Bueno, mirá, estuve pensando... quizás podríamos compartir la pieza, no sé... de alguna manera.
WALTER: ¿Compartirla?
SALLY: Digo, la podrías usar cuando no estoy, o algo así.
WALTER: Oh, no sé.
SALLY: Sería muy fácil. Estoy todo el día en la escuela.
WALTER: ¿Y de noche?
SALLY: Bueno, no estoy tres veces por semana.
WALTER: ¿A dónde vas?
SALLY: Oh, la escuela nocturna. Estudio idiomas. Después, normalmente voy a lo de una amiga mía, profesora de historia, a escuchar música.
WALTER: ¿Qué música?
SALLY: Mozart, Brahms. Ese tipo de cosas.
WALTER: Oh, todo ese tipo de cosas.
SALLY: Sí.

(Pausa.)

WALTER: Bueno, se está bien aquí. Tomate otra.
SALLY: Oh, yo...
WALTER *(sirviendo)*: Una sola.
SALLY: Gracias. Salud.

(Pausa.)

WALTER: Nunca antes había estado con una señorita en esta pieza.
SALLY: Oh.
WALTER: Aunque los chicos sí venían. Acá es donde planeábamos nuestros robos armados.
SALLY: ¿En serio?
WALTER: Mis tías nunca te dijeron por qué estuve adentro, ¿no?
SALLY: No.
WALTER: Bueno, es lo que hay, ya ves. Ando armado.
SALLY: Oh.
WALTER: ¿Alguna vez conociste a uno que anduviera armado?
SALLY: Me parece que no.
WALTER: No es una mala vida, con todo. Mucho tiempo libre. ¿Entendés? Vacaciones pagas, se podría decir. No, hay miles de ocupaciones peores. No me tenés miedo ahora que te dije que ando armado, ¿no?
SALLY: No, me parecés encantador.
WALTER: Ah, ahí tenés razón. Por eso la pasé tan bien en

la cárcel, ¿sabés? El encanto. ¿Sabés qué hacía yo ahí adentro? Administraba la biblioteca de la prisión. Fui el mejor bibliotecario que tuvieron. El día que me fui, me acompañó el alcalde en persona. Hizo conmigo todo el trayecto hasta el portón. Me dijo que el negocio de la biblioteca había superado toda expectativa desde que yo asumí la dirección.

SALLY: Qué elogio tan maravilloso.

WALTER *(sirviendo más bebida)*: Me dijo que si yo consideraba la posibilidad de dejar el robo a mano armada él me iba a recomendar para un puesto en el Museo Británico. Cuidando manuscritos antiguos. Ya sabés, escribiendo mi opinión sobre ellos.

SALLY: Yo diría que ése es un trabajo bastante especializado.

WALTER: Salud. ¿Especializado? Bueno, lo curioso del caso es que en mis buenos tiempos tuve algo que ver con manuscritos antiguos. Estuve en contacto con un tipo que trabajaba de desenterrarlos.

SALLY: ¿Desenterrar qué?

WALTER: Manuscritos antiguos. De las tumbas. Yo le daba una mano cuando estaba sin nada que hacer. Era un trabajo muy bien pago, además. Casi siempre venían pegados a un cadáver, estos manuscritos, había que levantar el hueso pélvico con un par de tenazas. Tenazas grandes. No se pueden dejar huellas dactilares en un cadáver, ¿entendés? Derecho canónigo. El susto más grande que tuve en mi vida fue la vez que un esqueleto se me derrumbó encima y casi me arranca la oreja de un mordisco. En ese momento, tuve una sensación muy rara. Yo pensé que el esqueleto era yo y que él era mi tío ya muerto hace mucho que me venía a dar el beso de las buenas noches. Nunca estuviste adentro de una tumba, supongo. Te lo recomiendo, de veras, digo, si querés probar todo lo que la vida tiene para ofrecer.

SALLY: Bueno, algún día estaré adentro de una.
WALTER: Oh, no sé. Podrían cremarte, o te podés ahogar en el mar, ¿o no?

(Annie se aparta del rellano y regresa a la habitación de las Tías, y se mete en la cama.)

MILLY: ¿Escuchaste?
ANNIE: Sí.
MILLY: ¿Y?
ANNIE: Los oí hablar.
MILLY: ¿Qué decían?
ANNIE: No me preguntes.
MILLY: Andá a la puerta de nuevo. Escuchá como corresponde.
ANNIE: Por qué no vas vos.
MILLY: Yo estoy en la cama.
ANNIE: Yo también.
MILLY: Pero yo hace más tiempo que estoy en la cama.

(Annie farfulla y gruñe para sus adentros, sale de la cama y vuelve al rellano junto a la puerta. El diálogo oído sigue siendo desde su punto de vista.)

WALTER: ¿Sos del norte?
SALLY: Qué inteligente. Pensé que ya...
WALTER: Puedo reconocer el acento.
SALLY: Pensé que ya no se me notaba...
WALTER: Hay algo en tus ojos, también. Sólo se puede encontrar en las chicas de Lancashire.
SALLY: ¿De verdad? ¿Qué?
WALTER *(acercándosele)*: Me parece que estás un poco incómoda conmigo. ¿Eso por qué?
SALLY: No estoy incómoda.
WALTER: ¿Entonces por qué es? Me parece que estás un poco inquieta.
SALLY: No estoy inquieta.
WALTER: ¿Te llenamos el vaso, eh? Quiero decir, estabas distinta ayer. Ayer tenías todo bajo control.
SALLY: Sos vos el que estaba distinto. Hoy estás distinto.
WALTER: No irás a preocuparte porque yo sea un ladrón armado. Me llaman el pistolero gentil.
SALLY: No estoy preocupada.

(Pausa.)

WALTER: Mis tías queridas piensan que sos maravillosa. Me parece que tienen pensado llevarnos al altar.
SALLY: ¿Qué?
WALTER: Sí, me parece que piensan que me encontraron una esposa.
SALLY: Qué raro.
WALTER: Te engatusaron para que seas parte de una boda. Se olvidaron de algo, igual.

SALLY: ¿De qué?
WALTER: Estoy casado. A decir verdad, estoy casado con tres mujeres. Soy un triple bígamo. ¿Me creés?
SALLY: Me parece que estás de un humor muy extraño.
WALTER: Es esa mirada en tus ojos.
SALLY: Vos también tenés unos ojos que no están nada mal.
WALTER: Tus ojos, son ojos del norte. Están llenos de hollín.
SALLY: Gracias.
WALTER *(sirviendo)*: Vamos a terminarla. Dale.
SALLY: Por nuestros ojos.
WALTER: Pensé que no tomabas. Te podés bajar una vos sola. Te entrenás en la escuela, supongo. En el recreo de la merienda. Te mantenés en estado para jugar al volley. O en esa escuela nocturna, ¿eh? Seguro que lo pasás bien, ahí. A ver. Contame cómo es lo de esa escuela nocturna.

(Annie *bosteza levemente y regresa a su habitación. Cierra la puerta y se mete en la cama.*)

ANNIE: Siguen hablando.
MILLY: ¿De qué hablan? *(Soñolientamente)*.
ANNIE: No les entiendo.
MILLY: Tendría que haber ido yo. Estás más sorda que una tapia.

(*Se acomodan en la cama. Chirridos.*)

ANNIE. La factura me dio acidez. *(Débilmente.)* Buenas noches.

(Milly ronca brevemente. Fundido a la habitación de Sally.)

SALLY: Llevo una vida tranquila, una vida muy tranquila, no me relaciono mucho con la gente.
WALTER: Salvo por mí. Te estás relacionando conmigo.
SALLY: No tengo ningún tipo de vida social.
WALTER: Voy a tener que llevarte a algunos clubes que conozco, mostrarte un poco el paisaje.
SALLY: No, no me gusta eso.
WALTER: ¿Qué te gusta?

(Pausa.)

SALLY: Estar acá acostada... sola...
WALTER: En mi cama.
SALLY: Sí.
WALTER: ¿Haciendo qué?
SALLY: Pensando.
WALTER: ¿Pensaste en mí anoche?
SALLY: ¿En vos?
WALTER: Este ofrecimiento tuyo de compartir el cuarto, lo voy a considerar.
   (Pausa.)
Apuesto a que pensás en mí ahora.

(Pausa.)

SALLY: ¿Por qué lo haría?

WALTER: Yo estoy pensando en vos.
 (Pausa.)
 No sé por qué armé tanto escándalo por este cuarto. Es un cuarto, no tiene nada del otro mundo. Quiero decir, si no fuera porque estás vos. Si no estuvieras en él, no tendría nada del otro mundo.
 (Pausa.)
 ¿Por qué no te quedás acá? No es verdad que esté casado. Lo dije por decir. No tengo compromisos. A decir verdad... a decir verdad, todavía ando buscando a la Señorita Exacta.
SALLY: Creo que debería mudarme, lejos.
WALTER: ¿A dónde irías?

(Pausa.)

SALLY: A cualquier parte.
WALTER: ¿Irías a la playa? Podría ir con vos. Podríamos pescar un poco... en el muelle. Sí, podríamos ir juntos. O, por otro lado, nos podríamos quedar acá. Podríamos quedarnos donde estamos.
SALLY: ¿Podríamos?
WALTER: Sentate.
SALLY: ¿Qué?
WALTER: Sentate. *(Pausa.)* Cruzate de piernas.
SALLY: ¿Mmmmm?
WALTER: Cruzate de piernas.
 (Pausa.)
 Descruzate.
 (Pausa.)

De pie.
 (Pausa.)
Date vuelta.
 (Pausa.)
Pará.
 (Pausa.)
Sentate.
 (Pausa.)
Cruzate de piernas.
 (Pausa.)
Descruzate.
 (Silencio.)

(Música de club nocturno.)

TULLY: No, te digo, debe ser... pará un segundo, deben ser más o menos diez años. La última vez fue cuando estuve en Richmond.
SOLTO: Sí, el Club del Burro.[5]
TULLY: El Burro, claro. Hace tres años que me fui.
SOLTO: ¿Entonces cuánto hace que estás? Hacía como tres años que no pasaba por acá.
TULLY: Nos habremos desencontrado. Hace tres años que estoy acá, justo tres años. *(Llama.)* ¡Charlie!

*(*Tully *chasquea los dedos para llamar al camarero.)*

SOLTO: Esto era un antro en esa época, te lo juro.

---

[5] Donkey Club.

CAMARERO: ¿Le sirvo lo mismo de nuevo, Sr. Tully?
TULLY: Lo mismo de nuevo. Un antro... obvio que era un antro. Me pidieron que viniera y le diera –ya sabés– un poco de clase, hace unos tres años. Tuve que rajar a una docena de indigentes desde el vamos, dejé bien en claro cuál era mi posición.
SOLTO: ¿No te hicieron lío?
TULLY: ¿A mí? A ver, saben que si quieren empezar a hacer lío eligieron al cliente justo. No te acordás lo que era yo en Blackheath.
SOLTO: Me estás hablando de hace un montón.
TULLY: Te estoy hablando de unos años antes de la guerra.
SOLTO: Me estás hablando de cuando las cosas iban bien.
TULLY: ¿Y qué me decís de vos allá en Blackheath?
SOLTO: Blackheath. Es otra historia cuando empezás a hablar de Blackheath.
TULLY: Gracias, Charlie. Acá tenés, Ambrose. Salud.
(Pausa.)
No, ves que ya no es más un antro. Puse el sitio a funcionar, tenemos una banda ahí arriba... bueno, yo digo una banda... piano y contrabajo, pero son muy buenos muchachos, son buenos muchachos. Tenemos una buena clientela que viene. Vienen muchos músicos... eh... músicos que vienen acá. Es una buena clientela. Por supuesto, tenés un determinado número de ejecutivos. Quiero decir, gente de clase alta. Justo la otra noche estuve hablando con unos. Se vienen de Hampton Court, vienen de Twickenham, de Datchet.
SOLTO: ¿Desde Datchet?
TULLY: Seguro, se suben al auto, ¿cuánto les lleva? Vienen

a relajarse un poco. Digo, tenemos licencia para trabajar hasta las dos. Tenemos tres pichoncitas estables. ¿Qué te hizo aparecer tan de repente?

SOLTO: Ah, una de esas cosas curiosas, Cyril. Me enteré de una pichoncita.

TULLY: ¿Qué, una de las pichonas de acá?

SOLTO: Siempre astuto, ¿eh, Cyril?

TULLY: Te enteraste de la calidad que tenemos por acá, ¿eh? Acá tenemos unas muñecas de la mejor clase, no te preocupes. Recién salidas del liceo.

(Fundido.)

(Fundido al camarín de las chicas.)

BARBARA: ¿Y él qué dijo?

SALLY: Venite conmigo un domingo, me dice, vení y vamos a cenar el domingo, para que conozcas a mi mujer. Ah, bueno, le dije, ¿cómo me vas a presentar, como tu hermana? No, dice él; ella es muy abierta, mi mujer; le va a encantar conocerte.

MAVIS: Ah sí, ya escuché ese tipo de cosas.

SALLY: Sí, es lo que le dije. Ah sí, dije, ya escuché ese tipo de cosas. Vamos, no te creo una palabra, le dije, tomátelas antes de que llame a un cana.

BARBARA: ¿Quién era, el de la nariz grande?

SALLY: Sí.

GERENTE: Vamos, chicas, a ver si se mueven, estamos listos para largar.

BARBARA: ¿Quién te invitó al camarín de las damas?

GERENTE: A mí no me hablan así. Y se me ponen las pilas. *(A Sally:)* Cyril te quiere en su mesa enseguida.

SALLY: Lo voy a patear justo en el centro de su parafernalia un día de éstos.

BARBARA: Seguí, ¿qué pasó entonces?

SALLY: ¿Por qué no te venís al río conmigo un día de éstos?, dice. Te llevo a dar una vuelta en gomón.

MAVIS: ¿En qué?

SALLY: En gomón.

MAVIS: ¿Qué es un gomón?

SALLY: Le dije: ¿En un gomón, con vos? Te volviste loco. No me vas a meter en ningún gomón.

BARBARA: Pensé que habías dicho que te atraía.

SALLY: Oh, al prinicipio, sí, eso es todo. Me pareció que no estaba mal. Pero ya viste, vino de Australia. Se le pegaron muchas costumbres australianas, costumbres que no van muy bien conmigo.

GERENTE: Vamos, vamos, no se los quiero decir otra vez. ¿Dónde se creen que están, en la rambla de Brighton? *(A Sally:)* Cyril te quiere en su mesa.

SALLY: Le voy a cortar las orejas, un día de éstos.

(Entra al club.)

SOLTO: Así que me dije: Tully, Big Johnny Bolsom. Ella debe estar bastante bien.

TULLY: Claro que está bien.

SOLTO: Así que pensé en seguir el rastro.

TULLY: No podrías haberlo hecho mejor. Acá está, acá está, vení, querida. Éste es un viejo amigo, Ambrose Solto.

SOLTO: ¿Qué tal?
SALLY: ¿Qué tal?
TULLY: Sentate, Ambrose. Quiero que conozcas a esta chica, Ambrose. Es la chica más inteligente que tenemos por acá. Habla tres idiomas.
SOLTO: ¿Qué idiomas?
TULLY: Contale.
SALLY: Bueno, para empezar, inglés.
SOLTO: Es ingeniosa, también, ¿eh?
TULLY: ¿Ingeniosa? Es mi favorita.
SALLY: Ay, no.
SOLTO: ¿No me vas a decir tu nombre?
SALLY: Katina.
SOLTO: Katina. ¡Qué coincidencia! Mi amor de la infancia se llamaba Katina.
TULLY: No. ¿Y entonces?
SALLY: ¿En serio, señor Solto?
SOLTO: Sí, cuando yo era chico, cuando era chico en Atenas. Fue en ese entonces.

(Fundido.)

(Fundido.)

WALTER: Me tomé el tren hasta Southend, eso es todo.
ANNIE: ¿Southend? ¿Para qué?
WALTER: Me dieron ganas de ir a ver la playa. No estaba mal, allá. Rodé un poco, es todo. Sentí el olor del viejo mar, es todo.

(Pausa.)

ANNIE: Vos tenés un secreto.
WALTER: ¿Sí?
ANNIE: Oh, vamos, Wally, ¿qué te parece ella? Es linda, ¿no?
WALTER: ¿Quién, la chica de arriba? Sí, es una chica muy linda.
ANNIE: ¿Te gusta, eh?
WALTER: ¿Quién?
ANNIE: ¿No es cierto?
WALTER: ¿Qué, la que vive arriba, eh?
ANNIE: Bromas aparte.
WALTER: Bueno... bromas aparte... sin broma... diría que no está mal.
ANNIE: Pero no te gustó, de primera impresión, ¿no?
WALTER: Ah, bueno, de primera impresión... no hay nada como... la segunda impresión, ¿no es cierto? Lo que quiero decir es... que la segunda impresión... casi siempre resulta muy distinta... de lo que pensabas que iba a ser... en base a la primera impresión. No sé si entendés lo que digo.
ANNIE: ¿No dejó la habitación hecha una preciosura?
WALTER: Tiene estilo.
ANNIE: La dejó muy femenina, ¿no es cierto?
WALTER: Oh... sin lugar a duda.
ANNIE: Ya debe estar por llegar. En más o menos media hora sale de la escuela nocturna y está de vuelta en casa.

(Fundido, y volvemos al club nocturno.)

SOLTO: ¿Qué te parece?
SALLY: No, usted sí que tiene ritmo. Sr. Solto, es un placer.
SOLTO: Siempre tuve ritmo. Te lo juro. Nací con ritmo. El dedo gordo del pie puede bailar una polka por sí mismo. Palabra de honor. El amor de mi vida y yo, de noche, íbamos y bailábamos a la orilla del mar, al lado de las olas. ¿Alguna vez hiciste eso?
SALLY: No. Jamás. Tomemos algo.
TULLY: ¿Y, cómo les está yendo, a ustedes dos?
SOLTO: De maravilla.
SALLY: Encantador.
SOLTO: ¿Nos viste en la pista?
TULLY: ¿Qué hacían en la pista?
SALLY: ¡Bailamos!
SOLTO: Lo tendrías que haber visto a éste en Blackheath. Vamos, rajá, Cyril, que acá estamos hablando de filosofía.
TULLY: Ojo con lo que hacen.

(Se va. Solto y Sally van a la mesa y se sientan.)

SOLTO: Estaba por decirte una cosa.
SALLY: ¿Qué?
SOLTO: Tengo una playa privada. En la Costa Sur. Es toda mía. Una pequeña cabaña de playa. Bueno, no tan pequeña. Es grande. Tampoco es una cabaña. Es más grande que una cabaña. Tiene alfombras indias, tiene el frente todo con ventanas mirando al mar, calefacción central, y las olas... las olas llegan justo hasta el umbral

de la puerta. Te acostás en el diván y las ves acercarse. ¿Qué te parecería estar ahí acostada a la luz de la luna, eh, y mirar las olas acercarse?

SALLY: Suena... muy lindo.

SOLTO: Vamos el próximo fin de semana, eh.

SALLY: Bueno, yo...

SOLTO: ¡Sin excusas! Voy a asar un jabalí en la playa, palabra de honor.

SALLY: ¿De dónde vas a sacar el jabalí?

SOLTO: Especialmente de Francia... ¿de dónde, si no? Escuchame. ¿Querés que te cuente un secretito? Vine hasta acá especialmente buscándote a vos..

SALLY: ¿Cómo es eso?

SOLTO: Conseguí esta foto tuya, ¿ves? Así que busqué al fotógrafo. Me dijo cuál era este club, y aquí estoy.

SALLY: ¿Dónde conseguiste la foto?

SOLTO: Eso se supone que no te lo puedo decir. Lo que estaba haciendo era buscarte para un amigo mío.

SALLY: ¿Un amigo? ¿Quién?

SOLTO: No te preocupes. No le voy a decir dónde encontrarte. No. No puedo permitir que un hombre como ése se haga de una chica como vos.

SALLY: ¿Cómo se llama?

SOLTO: Es un hombre que se llama Wally. Wally Street. Se la pasa entrando y saliendo de la cárcel. Es falsificador, un ratero, anda en libretas postales. ¿Lo conocés?

SALLY: No.

SOLTO: Qué raro... No sé qué es lo que él... igual, olvidate del asunto. Pero le voy a dar su parte. Si no hubiera sido porque él me mostró la foto, ¿dónde estaría yo, eh? Y dónde estarías vos.

SALLY: Sí. ¿Dónde estaría?

(Fundido. Un golpe a la puerta de calle. Walter cruza la puerta del vestíbulo.)

SOLTO: Hola, Wally, entro un minuto. Tengo un taxi afuera.

(Entran a la sala.)

WALTER: ¿Qué pasa? ¿Encontraste a la chica?
SOLTO: ¿La chica? ¿Qué chica?
WALTER: La chica. Esa foto que te di. Ya sabés.
SOLTO: ¡Ah, la chica! Vos decís la chica que estuve tratando de...
WALTER: Sí, pensé que a lo mejor habías venido por eso.
SOLTO: Tenés toda la razón. Por eso vengo.
WALTER: Eso pensé.
SOLTO: Y no te equivocaste.

(Pausa.)

WALTER: Bueno. ¿Dónde está?
SOLTO: Eso es lo que te quería contar. No la encuentro.
WALTER: ¿No la encontrás?
SOLTO: Ni el olor. Es exactamente lo que vine a contarte.
WALTER: Ni el olor, eh.
SOLTO: Ni un vaho.
WALTER: Pensé que le estabas siguiendo la pista.

SOLTO: No hay pista. Ya estuve en todas partes. El Madrigal. El Látigo.[6] La Escala. Lo de Pedro. Nadie le conoce la cara. Pará un segundo... Pedro dijo que podría haberla visto en Madrid, una vez, a la vuelta de un par de callejones. ¿Estuvo en Madrid?
WALTER: ¿Qué sé yo? Nunca la vi.
SOLTO: Pensé que sí.
WALTER: ¿No ubicaste el club?
SOLTO: ¿Qué club?
WALTER: El de la foto.
SOLTO: No. Lo que pensé fue que lo mejor era ubicar al fotógrafo, ¿sabés? Así que le hice una visita.
WALTER: ¿Qué dijo?
SOLTO: No estaba. Se había ido a una conferencia en Canadá.
WALTER: ¿Qué clase de conferencia?
SOLTO: Una conferencia de odontología. Está por recibirse de dentista.
WALTER: ¿Por qué será que deja la fotografía?
SOLTO: Un cambio interior. Ya viste cómo es. Me ofreció un café, me contó su vida.
WALTER: ¿Quién?
SOLTO: El hermano. El pedicuro. Está en un quilombo, pobre muchacho, no llega a fin de mes.
WALTER: Mire, señor Solto, yo que usted lo dejaría.
SOLTO: ¿Querés mi opinión? Creo que la foto es falsa. No hay ningún club. No hay chica. No existen.
WALTER: Es lo que pienso.

---

[6] "The Whip Room", literalmente "La habitación del látigo". (N. del T.)

(Pausa.)

SOLTO: ¿Sí?
WALTER: Exacto.
SOLTO: ¿Quién sabe? A lo mejor tenés razón.
WALTER: Esa foto. Es falsa. No la va a encontrar nunca.
SOLTO: ¿Cómo puede ser falsa? Pensé que la conocías.
WALTER: Nunca dije que la conociera. Nunca la vi.
SOLTO: Pero eso es lo que digo. No hay nadie que conocer. No la viste nunca. Yo no la vi nunca. No hay nadie que ver.
WALTER: Ella no existe.

(Pausa.)

SOLTO: De todos modos, mirá, la chica está ahí. Esa foto es de alguien.
WALTER: Nadie que yo conozca.

(Pausa.)

SOLTO: Seguí mi consejo, Wally, borrate todo el asunto de la cabeza, sacátelo de la mente.
WALTER: Es lo que pienso que usted tendría que hacer, señor Solto.

(Puerta de calle. Pasos.)

SOLTO: ¿Qué es eso?
WALTER: Es la maestra.

SOLTO: Ése es tu rango. Alguien con educación. Qué horas más raras para una maestra. ¿De dónde viene, de la escuela nocturna?

(Fundido. Luego, pasos en la escalera. Un golpe a la puerta.)

WALTER: ¿Estás?
    (Prueba la puerta, está con llave.)
    ¿Estás ahí adentro? Quiero hablar con vos. Dejame entrar un minuto. ¿Me dejás entrar un minuto? ¿Qué te pasa? ¿Qué carajo te pasa? Dejame entrar. Quiero hablar con vos.

(Silencio.)

ANNIE: Se fue.
MILLY: ¿Se fue?
ANNIE: Acá hay una nota.
MILLY: ¿A dónde se fue?
ANNIE: Dejó una nota.
MILLY: ¿Qué dice?
ANNIE: Queridas señoras Billet. Lo siento mucho, pero un asunto urgente me requiere súbitamente. No sé cuándo volveré, así que pensé que era mejor llevarme todo. No quise despertarlas. Gracias. Adiós. Le voy a decir a Wally.
    (Pasos de Annie *entrando en la sala principal.)*
Wally, despertate.
    (Pausa.)
Se fue.

WALTER: ¿Quién?
ANNIE: Dejó una nota. Mirá.

(Pausa mientras él lee.)

WALTER: Sí, bueno... ella... es obvio que se tuvo que ir.

(Pausa.)

ANNIE: No discutiste con ella, ¿no, Wally?
WALTER: No.
ANNIE: ¿No la viste anoche cuando vino de la escuela nocturna?
WALTER: No.

(Entra Milly.)

MILLY: Encontré esta foto en su pieza.
ANNIE: Ah. ¿No está preciosa sosteniendo esa pelota de volley?
MILLY: Con las chicas de la escuela.
ANNIE: No sabía que era la profesora de gimnasia. Nunca nos dijo.

(Pausa.)

MILLY: Parece que se fue para siempre.

(Pausa.)

WALTER: Sí.
  (Pausa.)
 Eso parece.
  (Fundido.)

Sketches de revista

(1959)

Disturbios en la fábrica
El blanco y negro
La parada del colectivo
El último
Oferta especial

El blanco y negro y Disturbios en la fábrica *fueron parte del espectáculo* One to another, *que se estrenó en el teatro Lyric, de Hammersmith, el 15 de julio de 1959.*

El último, La parada del colectivo y Oferta especial *fueron parte del espectáculo de revista* Pieces of eight, *que se estrenó en el Apollo Theatre, Londres, el 23 de septiembre de 1959.*

DISTURBIOS EN LA FÁBRICA

(Una oficina en una fábrica. El señor Fibbs *en su escritorio. Un golpe a la puerta. Entra el señor* Wills.*)*[1]

FIBBS: Ah, Wills. Bien. Adelante. Siéntese, por favor.
WILLS: Gracias, señor Fibbs.
FIBBS: ¿Recibió mi mensaje?
WILLS: Acabo de recibirlo.
FIBBS: Muy bien.
   (Pausa.)
   Bueno. Vamos a ver... ¿Quiere un cigarro?
WILLS: No, gracias, por mí no, señor Fibbs.
FIBBS: Pues verá, Wills, escuché que ha habido algún disturbio en la fábrica.
WILLS: Sí, yo... Yo creo que podría decirse así, señor Fibbs.
FIBBS: Bueno, por el amor de Dios, ¿de qué se trata?
WILLS: Bueno, no sé exactamente cómo explicárselo, señor Fibbs.

---

[1] Fibbs y Wills. Sin ahondar demasiado en interpretaciones ortodoxas que cancelen los múltiples sentidos de este sketch, no puedo dejar de señalar al lector hispanohablante un procedimiento deliberado, y bastante inusual en Pinter. El nombre de los personajes, si bien escritos con una ortografía que los transforma en apellidos verosímiles, remite al lector inglés casi inmediatamente a las palabras fib (mentira) y will (voluntad). Y para quien quiera observar esta línea, me remito a mis breves observaciones acerca de las negociaciones conversacionales, vertidas en el prólogo al inicio de este libro. [N. del T.]

Fibbs: Pero vamos, Wills, tengo que saber de qué se trata, para poder hacer algo al respecto.

Wills: Bueno, señor Fibbs, es nada más que los obreros se... bueno, parece que se pusieron en contra de algunos productos.

Fibbs: ¿En contra?

Wills: Parece que ya no les gustan mucho.

Fibbs: ¿No les gustan? Pero si tenemos fama de producir los mejores repuestos para máquinas de todo el país. Son los hombres mejor pagados de la industria. Tenemos la cantina más barata en Yorkshire. No hay dos menús iguales. Tenemos salón de billar en las instalaciones, ¿no?, tenemos pileta de natación para el personal. ¿Y qué me dice del salón para escuchar discos? ¿Y me viene a decir que están disconformes?

Wills: Oh, los hombres están muy agradecidos por todas las instalaciones, señor. Lo que no les gustan son los productos.

Fibbs: Pero son productos hermosos. Llevo toda una vida en el negocio. Y nunca he visto productos tan hermosos.

Wills: Así son las cosas, señor.

Fibbs: ¿Cuáles no les gustan?

Wills: Bueno, está el troncho miñón de bronce, por ejemplo.

Fibbs: ¿El troncho miñón de bronce? ¿Qué problema tiene el troncho miñón de bronce?

Wills: Parece que ya no les gusta más.

Fibbs: ¿Pero qué es exactamente lo que no les gusta?

Wills: A lo mejor es simplemente su aspecto.

FIBBS: ¿El troncho miñón de bronce? Mire que le aclaro que es la perfección. Es la mismísima perfección.
WILLS: Sencillamente, no lo pueden ni ver.
FIBBS: Bueno, me deja pasmado.
WILLS: No es sólo el troncho miñón de bronce, señor Fibbs.
FIBBS: ¿Qué más?
WILLS: Está el vástago rematado en semiesfera monoovoide.
FIBBS: ¿El vástago rematado en semiesfera monoovoide? ¿Dónde va a encontrar un vástago mejor?
WILLS: Hay vástagos y vástagos, señor Fibbs.
FIBBS: Ya sé que hay vástagos y vástagos. ¿Pero dónde va a encontrar un vástago rematado en semiesfera monoovoide mejor que éste?
WILLS: Ya no quieren tener nada que ver con él.
FIBBS: Estoy hecho pedazos. Hecho pedazos. ¿Qué más? Vamos, Wills. No tiene sentido ocultarme nada.
WILLS: Bueno, odio decirlo, pero le tomaron aversión al escariador aflautado espiral de mango cónico de alta velocidad.
FIBBS: ¡El escariador aflautado espiral de mango cónico de alta velocidad! ¡Pero eso es absolutamente ridículo! ¿Qué pueden tener contra el escariador aflautado espiral de mango cónico de alta velocidad?
WILLS: Lo único que puedo decirle es que están en un estado de severa agitación por culpa de él. Y además está el caño de escape lateral teflonado con manigueta.
FIBBS: ¡Qué!
WILLS: Y el enchufe roscado y el adaptador roscado y el comparador vertical mecánico.

FIBBS: ¡No!
WILLS: Y lo que no pueden ni nombrar sin ponerse a temblar es la mordaza para mamola de Jacobo acoplable al taladro portátil.
FIBBS: ¡Mi mamola de Jacobo! ¡Mi mamola de Jacobo no!
WILLS: Ya le digo que están en contra del conjunto completo de productos. Adaptadores de codo macho, bulones de tubos, grampones de escarde, salpicadores internos, puntas de trinquete, puntas de semitrinquete, matorras metálicas blancas...
FIBBS: Pero no, seguro que no tienen nada contra mis encantadores tarugos de acople paralelo machos.
WILLS: ¡Odian y detestan sus encantadores tarugos de acople paralelo machos, y los conectores de succión en orejeta, y los bulones traseros, y los bulones delanteros, y también el pistolón de vaciado de bronce con manigueta y el pistolón de vaciado de bronce sin manigueta!
FIBBS: ¡No puede ser el pistolón de vaciado de bronce con manigueta!
WILLS: Y sin manigueta.
FIBBS: ¿Sin manigueta?
WILLS: Y con manigueta.
FIBBS: ¡No puede ser con manigueta!
WILLS: Y sin manigueta.
FIBBS: ¿Sin manigueta?
WILLS: Con manigueta y sin manigueta.
FIBBS: ¿Con manigueta y sin manigueta?
WILLS: ¡Con y sin!

(Pausa.)

FIBBS *(rendido)*: Y dígame, ¿qué es lo que quieren hacer en su lugar?
WILLS: Lío.

EL BLANCO Y NEGRO

(La Primera anciana *está sentada a una mesa de un bar lácteo. Es menuda.*
Una Segunda anciana *se acerca. Es alta. Lleva dos tazones de sopa, cubiertos por sendos platos con una rodaja de pan cada uno. Apoya los tazones cuidadosamente sobre la mesa.)*

SEGUNDA: ¿Viste que uno se me acercó y me habló en el mostrador?

(Retira los platos de pan de los tazones, saca dos cucharas del bolsillo y acomoda tazones, platos y cucharas.)

PRIMERA: ¿Conseguiste el pan, entonces?
SEGUNDA: No sabía cómo iba a hacer para traerlos. Al final, puse los platos encima de la sopa.
PRIMERA: Me gusta un poco de pan con la sopa.

(Empiezan a tomar la sopa. Pausa.)
SEGUNDA: ¿Viste que uno se me acercó y me habló en el mostrador?
PRIMERA: ¿Quién?
SEGUNDA: Se me acerca, me dice: hola, me dice, ¿qué hora

tiene? Libertad de mierda. Yo nada más estaba parada ahí esperando tu sopa.

Primera: Es sopa de tomate.

Segunda: ¿Qué hora tiene?, me dice.

Primera: Supongo que le habrás contestado.

Segunda: Le dije bien claro: dale, le dije, por qué no te volvés a tu pocilga, le dije, a ver si te las tomás antes de que llame a un policía.

(Pausa.)

Primera: Llegué hace un ratito.

Segunda: ¿Tomaste el colectivo nocturno?

Primera: Me tomé el colectivo nocturno que viene directo hasta acá.

Segunda: ¿Dónde lo tomaste?

Primera: Marble Arch.

Segunda: ¿Qué número?

Primera: El 294, viene todo por la calle Fleet.

Segunda: El 291 también. *(Pausa.)* Te vi hablando con dos desconocidos ni bien entré. Te conviene dejar de hablar con desconocidos, sos una vieja loca, fijate con quién te ponés a hablar.

Primera: No estaba hablando con ningún desconocido.

(Pausa. La Primera anciana *ve pasar un colectivo por la ventana.)*

Otro colectivo nocturno que se va. *(Pausa.)* Va para el otro lado. Para Fulham. *(Pausa.)* Ése era un 297. *(Pausa.)* Ahí no estuve nunca. *(Pausa.)* Estuve por Liverpool Street.

Segunda: Eso queda para el otro lado.

PRIMERA: La verdad, no me da ninguna gana de ir por ahí, por Fulham, y por allá.
SEGUNDA: Ahá...
PRIMERA: Nunca me gustó mucho ese recorrido.

(Pausa.)

SEGUNDA: ¿Qué tal tu pan?

(Pausa.)

PRIMERA: ¿Eh?
SEGUNDA: Tu pan.
PRIMERA: Muy bien ¿Qué tal el tuyo?

(Pausa.)

SEGUNDA: No cobran el pan con la sopa.
PRIMERA: Con el té sí te lo cobran.
SEGUNDA: Sí, te lo cobran con el té. *(Pausa.)* Si hablás con desconocidos te van a meter presa. Haceme caso. La policía te va llevar presa.
PRIMERA: No hablo con desconocidos.
SEGUNDA: Una vez, me llevaron en el celular.
PRIMERA: Pero no te dejaron allí.
SEGUNDA: No, no me tuvieron mucho, pero sólo porque les caí bien. Les caí bien ni bien me metieron en el celular.
PRIMERA: ¿Creés que yo les podría caer bien?
SEGUNDA: Yo no me confiaría demasiado.

(La Primera anciana mira por la ventana.)

PRIMERA: Se puede ver todo lo que pasa desde esta mesa. *(Pausa.)* Es mejor que ir a aquel lugar al borde del río,[1] fuere como fuere.
SEGUNDA: Sí, aquí no hay demasiado ruido.
PRIMERA: Siempre hay un poco de ruido ahí.
SEGUNDA: Sí. Ahí siempre hay un poco de vida.

(Pausa.)

PRIMERA: Están por empezar a cerrar para pasar el trapo.
SEGUNDA: Está fresco afuera.

(Pausa.)

PRIMERA: No estaría nada mal quedarse acá.
SEGUNDA: No te van a dejar.
PRIMERA: Ya sé. *(Pausa.)* Igual cierran nada más que una hora y media, ¿no? *(Pausa.)* No es mucho. *(Pausa.)* Podés irte y después volver.
SEGUNDA: Yo me voy. Yo no vuelvo.
PRIMERA: Cuando se haga de día, vuelvo. A tomarme mi té.
SEGUNDA: Yo me voy. Voy a ir al Mercado.[2]
PRIMERA: Yo ahí no voy. *(Pausa.)* Voy a ir al puente de Waterloo.

---

[1] Pinter usa la palabra "embankment", que es el nombre de la calle costanera en un trayecto del Támesis, en su orilla norte. (N. del T.)

SEGUNDA: Vas a llegar justito a ver el último 296 cruzando el río.
PRIMERA: Voy a alcanzar a verlo justo. Es hora de ir yendo.
(Pausa.)
No parece un colectivo nocturno a la luz del día, ¿no?

---

[2] "Garden", Pinter se refiere probablemente a Covent Garden, que en esa época era un mercado de frutas y verduras. Actualmente es un elegante patio de compras. (N. del T.)

LA PARADA DEL COLECTIVO

(Una fila de gente en una parada de colectivo.[1] *Una* Mujer *a la cabeza de la fila, seguida de un* Hombre *bajo vestido con un piloto de lluvia, otras dos* Mujeres *y un* Hombre.*)*

MUJER *(al* Hombre bajo*)*: Perdone, ¿cómo dijo?
(Pausa.)
Lo único que le pregunté fue si acá paraba el colectivo a Shepherds Bush.
(Pausa.)
Nadie le pidió que empezara a hacer insinuaciones.
(Pausa.)
¿Quién se cree que es?
(Pausa.)
Ahá. Conozco a los de su clase, conozco ese tipo. No se haga problema, ya me sé todo sobre la gente como usted.
(Pausa.)
Todos nos damos cuenta de dónde viene. A ustedes se los llevan en cana a cada rato.

---

[1] Este sketch se titula en inglés "Request Stop". El término designaba en Londres un tipo de parada especial, no muy concurrida, donde el peatón debe hacer señas al conductor para que éste detenga el autobús. (N. del T.)

(Pausa.)
Lo único que tengo que hacer es ir y reportarlo, y se va a ver paradito en el puerto en menos que canta un gallo. Uno de mis mejores amigos es policía de civil.
(Pausa.)
Ya sé todo sobre esto. Ahí parado como si nada, un lobo con piel de cordero.[2] Encontrárselo en un callejón oscuro sí que sería... otra historia. *(A los demás, que miran al vacío.)* Escucharon lo que me dijo este hombre. Lo único que le pregunté es si acá paraba el colectivo que va a Shepherds Bush. *(A él.)* Tengo testigos, no se haga ningún problema.
(Pausa.)
Impertinencia.
(Pausa.)
Hacele una pregunta civilizada a un hombre y te trata como una moneda de tres peniques. *(A él.)* Tengo mejores cosas que hacer, querido, se lo aseguro. No me voy a quedar acá parada mientras me insultan en público en la vereda. Cualquiera se da cuenta de que es extranjero. Yo nací acá a la vuelta de la esquina. Cualquiera se da cuenta de que llegó del campo buscando un poco de parranda. Conozco a su clase.
(Pausa.)
(Se dirige a una Señora.*)*
Disculpe, señora. Estoy pensando en llevar a este hom-

---

[2] Pinter utiliza la expresión inglesa "as if butter wouldn't melt in your mouth", que literalmente significa "como si la manteca no se le derritiera en la boca", y se usa para acusar a alguien de disfrazar con apariencia inocente sus malas intenciones. (N. del T.)

bre a la corte del magistrado, usted lo escuchó hacer eso, ¿le gustaría salir de testigo?

(La Señora *se baja del cordón hacia la calle.)*

SEÑORA: Taxi...

(Desaparece.)

MUJER: Ya sabemos qué tipo de mujer es. *(Vuelve a su puesto.)* Yo estaba primera en la cola.
(Pausa.)
A la vuelta de la esquina, nací. Nací y me crié. Esta gente de campo no tiene la menor idea de cómo comportarse. Peruanos. Estás de suerte que no te llevo a juicio. Hacés una pregunta directa y simple...
(Los demás súbitamente lanzan sus brazos hacia un colectivo que pasa. Salen corriendo por la izquierda detrás de él. La Mujer, *sola, aprieta los dientes y musita. Entra un hombre por la derecha, se detiene en la parada y espera. Ella lo mira por el rabillo del ojo. A la larga le habla tímida, dubitativamente, esbozando una leve sonrisa.)*
Disculpe. ¿Sabe si acá para el colectivo que va... a Marble Arch?

EL ÚLTIMO

(Un puesto de café. Un Mozo *y un viejo vendedor de diarios. El* Mozo *está apoyado en su mostrador, el* Hombre *viejo está parado con un té. Silencio.)*

HOMBRE: Andabas a las corridas, hace un rato.
MOZO: Ah.
HOMBRE: A eso de las diez.
MOZO: A las diez, ¿eh?
HOMBRE: Más o menos.
    (Pausa.)
    Pasé por acá más o menos a esa hora.
MOZO: ¿Ah, sí?
HOMBRE: Noté que estabas con bastante movimiento.

(Pausa.)

MOZO: Sí, hubo mucho movimiento a eso de las diez.
HOMBRE: Sí, me di cuenta.
    (Pausa.)
    Vendí el último más o menos a esa hora. Sí. Más o menos a las nueve y cuarenta y cinco.
MOZO: Así que vendiste el último a esa hora, ¿eh?
HOMBRE: Sí, mi último "Evening News" fue. Se fue a eso de las diez menos veinte.

(Pausa.)

MOZO: "Evening News", ¿no?
HOMBRE: Sí.
(Pausa.)
A veces es el "Star" el que se va último.
MOZO: Ah.
HOMBRE: O el... cómosellama.
MOZO: "Standard".
HOMBRE: Sí.
(Pausa.)
El único que me quedaba esta noche era el "Evening News".

(Pausa.)

MOZO: Y ahí salió ése, ¿no?
HOMBRE: Sí.
(Pausa.)
Como un tiro.

(Pausa.)

MOZO: ¿No te quedó ninguno, eh?
HOMBRE: No. Después de vender ése, no.

(Pausa.)

MOZO: Así que fue justito después que debés haber venido por acá, ¿no?

HOMBRE: Sí, vine por acá justito después, ¿viste?, después que empaqué todo.
MOZO: Igual no paraste acá, ¿no?
HOMBRE: ¿Cuándo?
MOZO: Digo, no paraste acá a tomar una taza de té en ese momento, ¿no?
HOMBRE: ¿Qué, a eso de las diez?
MOZO: Sí.
HOMBRE: No, me fui hasta Victoria.
MOZO: No, me pareció que no te había visto.
HOMBRE: Tuve que ir hasta Victoria.

(Pausa.)

MOZO: Sí, hubo mucho movimiento a esa hora.

(Pausa.)

HOMBRE: Fui a ver si lo encontraba a Jorge.
MOZO: ¿A quién?
HOMBRE: Jorge.

(Pausa.)

MOZO: ¿Jorge qué más?
HOMBRE: Jorge... cómosellama.
MOZO: Oh.
    (Pausa.)
    ¿Lo encontraste?
HOMBRE: No. No lo pude encontrar. No lo pude ubicar.

MOZO: No anda haciendo mucho últimamente, ¿no?

(Pausa.)

HOMBRE: ¿Cuándo lo viste por última vez?
MOZO: Uh, hace años que no lo veo.
HOMBRE: No, yo tampoco.

(Pausa.)

MOZO: Sufría un montón de artritis.
HOMBRE: ¿Artritis?
MOZO: Sí.
HOMBRE: Nunca sufrió de artritis.
MOZO: Sufría un montón.

(Pausa.)

HOMBRE: No cuando lo conocí.

(Pausa.)

MOZO: Supongo que a lo mejor dejó la zona.

(Pausa.)

HOMBRE: Sí, fue el "Evening News", fue el último en irse hoy.
MOZO: Igual no es siempre el último, ¿no?, igual.
HOMBRE: No. Oh, no. Quiero decir, a veces es el "News".

Otras veces, es uno de los otros. No hay forma de decirlo de antemano. Hasta que te queda el último, por supuesto. Ahí podés decir cuál va a ser.
MOZO: Sí.

(Pausa.)

HOMBRE: Oh, sí.
(Pausa.)
Supongo que a lo mejor dejó la zona.

OFERTA ESPECIAL

SECRETARIA *(en su escritorio en una oficina)*: Sí, estaba en el baño en Swan and Edgars, descansando un poco. Ahí sentada, sin interferir con nadie, cuando de pronto se me aparece esta vieja arrugada y se me sienta al lado. Estás en el personal de la BBC, me dijo, ¿no? Tengo justo lo que necesitás, dijo, y me puso una tarjetita en la mano. ¿Saben lo que tenía escrito? ¡HOMBRES EN VENTA! ¿Qué diablos quiere decir?, le dije. Hombres, dijo, todos los tipos, formas y tamaños, en venta. ¿Qué diablos está tratando de decir?, le dije. Es una convención internacional, dijo, armada para el esparcimiento y el solaz de los miembros femeninos del servicio público. Se pueden oír a los muchachos que tenemos hablar en el micrófono, especialmente para su placer, cantando pequeñas tonadas folklóricas que estamos seguros usted nunca ha escuchado. El té va por cuenta de la casa y todos los días tenemos pastelería de la mejor. Para el cabaret de la merienda, los muchachos hacen una danza, una rareza totalmente importada desde Buenos Aires, vestidos solamente con un par de canilleras de cricket. Cada uno de ellos es probado y testeado, la mejor calidad, y a tarifas muy razonables. Si alguno de ellos le gusta, por cualquiera de sus características individuales, se lo puede comprar, pero para usted no sería a precio de minorista. Como trabaja para la BBC, estaremos complacidos de hacerle una rebaja especial. Si está disconforme en algo, lo puede mandar de vuelta dentro de los siete días y se le devuelve su dinero. Es muy amable de su parte, dije yo, pero a decir verdad acabo de estar de licencia, empiezo a trabajar mañana y estoy perfectamente fresca. Y la dejé ahí donde estaba. ¡Hombres en venta! ¡Qué idea extravagante! Nunca escuché algo más ultrajante, ¿y ustedes? Miren: acá está la tarjeta.

(Pausa.)

¿Les parece que será en chiste... o en serio?

ÍNDICE

Nota del traductor 7

El amante 19

Escuela nocturna 67

Sketches de revista
    Disturbios en la fábrica 121
    El blanco y negro 127
    La parada del colectivo 133
    El último 137
    Oferta especial 143

Se terminó de imprimir en
Artes Gráficas Piscis S.R.L., Junín 845,
(C1113AAA) Buenos Aires, Argentina.
Mes de Octubre de 2005